"... *Você será capaz de sacudir* o *mundo"*
Raul Seixas - "Tente Outra Vez"

ESTE é... foi um livrinho rápido! Surgiu de um lampejo, mais um *insight* de nós dois, exatamente durante a gestação do *"Jogos, Dinâmicas & Vivências Grupais".*

Aí, pensamos: *"Vamos lembrando e anotando!"*

LEMBRAMOS, anotamos, pegamos *"dicas"* no ar e aqui está o ***"VITALIZADORES"***. Pra ser bem mais rápido, estamos fazendo a apresentação nós mesmos, escrevemos tudo e estamos dedicando, carinhosamente, a você. Só uma coisa não é possível fazermos tão rápido e perfeito: a impressão. Por isso, remetemos o *script* e a equipe da *Qualitymark Editora* acelerou, para que 'você pudesse ter nas mãos e utilizar essa coletânea de ***"VITALIZADORES"***..

PRA você não dormir *(nem o seu grupo),* vire a página e escolha a sua opção.

Albi & Rose
Fortaleza-CE

Vitalizadores

Vitalizadores

ALBIGENOR & ROSE MILITÃO

QUALITYMARK

Direção Editorial
SAIDUL RAHMAN MAHOMED
editor@qualitymark.com.br

Produção Editorial
EQUIPE QUALITYMARK

Capa
WILSON COTRIM

Editoração Eletrônica
EQUIPE QUALITYMARK

1ª Edição: 2001

1ª Reimpressão: 2002
2ª Reimpressão: 2003
3ª Reimpressão: 2006
4ª Reimpressão: 2008
5ª Reimpressão: 2013

CIP-Brasil. Catalogação-na-fonte
Sindicato Nacional dos Editores de Livros, RJ

V822

Vitalizadores: mais de 100 opções pra você acordar o seu grupo e mantê-lo aceso. / [seleção e organização] Albigenor & Rose Militão. - Rio de Janeiro: Qualitymark Editora, 2013.
96 p.
Inclui bibliografia
ISBN 85-7303-311-8
1. Citações. 2. Dinâmica de grupo. I. Militão, Albigenor. 11. Militão, Rose.

01-1087

CDD 158.2
CDU 159.954.4

2013
IMPRESSO NO BRASIL

Qualitymark Editora Ltda.
Rua Teixeira Junior, 441
São Cristovão - 20921-405
Rio de janeiro - RJ
Tel.: (21) 3860-8422
e 3295-9800

Fax: (21) 3295-9824
www.qualitymark.com.br
E-mail:quality@qualitymark.com.br
QualityPhone: 0800-0263311

103 *opções de* Vitalizadores

Vita Um - ENTRANDO NO PIQUE

- ❑ 1 RELÂMPAGO
- ❑ 2 O SALTO
- ❑ 3 VAMOS PULAR?
- ❑ 4 TERRA, CÉU E MAR
- ❑ 5 O QUARTEL
- ❑ 6 TROTANDO
- ❑ 7 SALVE.-SE COM UM ABRAÇO
- ❑ 8 TEMPESTADE
- ❑ 9 O TREM
- ❑ 10 FAZENDO CHOVER
- ❑ 11 CADEIRA PREMIADA
- ❑ 12 RETIRANDO AS CADEIRAS
- ❑ 13 O PRESENTE
- ❑ 14 CAMINHANDO & CANTANDO O
- ❑ 15 A MOEDA
- ❑ 16 PASSEANDO NA PRAÇA
- ❑ 17 BALÕES NA CINTURA
- ❑ 18 PRESERVE O SEU BALÃO
- ❑ 19 ESTOURANDO BALÕES
- ❑ 20 DANÇANDO COM BALÕES
- ❑ 21 CABEÇA & BARRIGA
- ❑ 22 SIGA O LÍDER... DANÇANDO

Vita Dois - ESTICANDO O CORPO

- ❑ 23 EU ME AMO
- ❑ 24 SÓ OS PÉS
- ❑ 25 SACI-PERERÊ
- ❑ 28 DECLARAÇÃO DE AMOR
- ❑ 27 VAMOS LÁ EMBAIXO?
- ❑ 28 CARANGUEJO

- ❑ 29 CÍRCULO AGACHADO
- ❑ 30 COSTA COM COSTA
- ❑ 31 EMPURRANDO & ABRAÇANDO
- ❑ 32 CÍRCULO & BEIJO
- ❑ 33 ROMPENDO O CERCO
- ❑ 34 POSSO ENTRAR?
- ❑ 35 CABO-DE-GUERRA
- ❑ 36 O GRITO
- ❑ 37 ESTICANDO O CÍRCULO
- ❑ 38 COTOVELADAS & MURROS
- ❑ 39 ESTICANDO SOZINHO
- ❑ 40 SÓ COISAS BOAS
- ❑ 41 GINÁSTICA ERÓTICA
- ❑ 42 MASSAGENADO

Vita Três – CONTATO & AFETO

- ❑ 43 AS VOGAIS
- ❑ 44 TONS DE NOMES
- ❑ 45 ABRAÇO DE ADOLESCENTE
- ❑ 46 ABRAÇO DE SHOPPING
- ❑ 47 UM BEIJO, APENAS
- ❑ 48 DOS PÉS À CABEÇA
- ❑ 49 RECEBENDO & PASSANDO
- ❑ 50 APLAUSOS
- ❑ 51 APLAUSO SUTIL
- ❑ 52 BATE, REBATE... ESPALHA!
- ❑ 53 FERRO & IMÂ
- ❑ 54 CONTORNO AFETIVO

Vita Quatro – MÚSICAS

- ❑ 55 CARINHOSO
- ❑ 56 ZORBA
- ❑ 57 AGORA EU VOU ANDAR
- ❑ 58 VOCÊ ESTÁ CONTENTE
- ❑ 59 QUER TER UM AMIGO?
- ❑ 60 ENTÃO... É NATAL!
- ❑ 61 VOU TE MATAR DE CHEIRO
- ❑ 62 DESENGONÇADA
- ❑ 63 COMO VAI VOCÊ?
- ❑ 64 BOM DIA!
- ❑ 65 SURFANDO
- ❑ 66 AQUARELA
- ❑ 67 AGITANDO
- ❑ 68 UM MILHÃO DE AMIGOS
- ❑ 69 NA GINGA DO TWIST
- ❑ 70 A VIDA É BONITA
- ❑ 71 DESPEDIDA

Vita Cinco – DESAFIOS

- 72 O NÓ
- 73 SENTADINHA
- 74 DANÇA GREGA
- 75 O MENSAGEIRO
- 76 A LETRA É...
- 77 TELEGRAMA
- 78 E POR FALAR EM...
- 79 ESQUENTANDO OS MOTORES
- 80 BICHOS & FAMÍLIA
- 81 SANSÃO E DALILA
- 82 COM A MESMA LETRA
- 83 MEMORIZAÇÃO
- 84 A FAQUINHA
- 85 LEILÃO DE UM REAL
- 86 A FIGURA É VOCÊ
- 87 CRACHÁS EMBARALHADOS
- 88 SE EU FOSSE...
- 89 CHAPÉU
- 90 AUTÓGRAFOS III
- 91 REVITALIZANDO A CUCA

Vita Seis - PERCEPÇÃO

- 92 CRUZADA... DESCRUZADA
- 93 QUE NÚMERO É ESSE?
- 94 BOLINHA
- 95 PACA TATU
- 96 ZERO A CEM
- 97 NOVE PONTOS
- 98 VOU PRA ILHA!
- 99 AO CONTRÁRIO
- 100 TRÊS ANIMAIS
- 101 QUATRO PERGUNTAS
- 102 QUE FRASE É ESTA?
- 103 O QUE É QUE A VACA BEBE?

Pra começar,
algumas
FRASES RÁPIDAS...

- *"Ame-se... primeiro!"*
- *"Ame, como se tudo dependesse de amar."*
- *"Estar motivado é estar apaixonado – seja por alguém ou por aquilo que se realiza". (Albi&Rose)*
- *"Alegre-se sempre!"*
  (Paulo de Tarso – Filipenses 4:4)
- *"Posso todas as coisas nAquele que me fortalece."*
  (Paulo de Tarso – Filipenses 4:13)
- *"O Senhor é o meu pastor e nada me faltará." (Davi – Salmo 23:1)*
- *"Celebrai com júbilo ao Senhor..." (Davi – Salmo 100:1)*
- *"Amar se aprende amando." (Cartos Drummond de Andrade)*
- *"Este é o melhor momento para se estar vivo." (Rose Militão)*
- *"O amor tudo sofre, tudo crê, tudo espera, tudo suporta." (Paulo de Tarso – Cor.13:7).*
- *"É preciso amar as pessoas como se não houvesse amanhã, porque, se você parar pra pensar, na verdade, não há." (Renato Russo – "Pais e Filhos")*
- *"Todas as pessoas sentem as marcas das lições diárias de outras tantas pessoas." (Gonzaguinha – "Caminhos do Coração")*
- *"Amigo não é COISA pra se guardar. É gente, que faz parte do coração da gente." (Albigenor)*
- *"É preciso amor pra poder pulsar, é preciso paz pra poder*

sorrir, é preciso chuva para florir." (Almir Sater / Renato Teixeira – "Tocando em Frente")

- *"Eu tenho tanto pra lhe falar, mas, com palavras, não sei dizer como é grande o meu amor por você." (Roberto Carlos – "Como É Grande o Meu Amor por Você")*
- *"... você será capaz de sacudir o mundo!" (Raul Seixas "Tente Outra Vez")*
- *"Viver e não ter a vergonha de ser feliz, cantar a beleza de ser um eterno aprendiz." (Gonzaguinha – "O Que É. O Que É").*
- *"... No novo tempo, apesar dos perigos, a gente se encontra... cantando, pra sobreviver." (Ivan Lins – "Um Novo Tempo")*
- *"Somos eternamente responsáveis por aqueles a quem amamos." "(Exupéry – "O Pequeno Príncipe")"*
- *"Nós somos o que repetidamente fazemos. Portanto, a excelência não é um feito, mas um hábito." (Aristóteles)*
- *"Amar sem ser amado é melhor do que não amar."*

  (Miguel, Personagem de Tony Ramos. na novela "Laços de Família". De Manoel Carlos. Rede Globo/200l)
- *"O que é saber amar, senão um caminho pra crescer e nunca descuidar que o outro também cresça." (Guilherme Arantes – "O Que é Saber Amar")*
- *"A vida não se resume a festivais. " (Geraldo Vandré/1968)*
- *"Eu gostaria de te dar muito mais, porque você é o meu amor... você é o meu grande amor!" (Benito di Paula – "Noite Clara de Luar")*
- *"Saia, que eu seguro a barra com você." (Rose Militão para Albi. na decisão dele em pedir ou não demissão do Banco do Nordeste – dezembro/ 1996)*
- *"A gente tem sempre mais de uma opção - e pra melhor." (Albigenor)*
- *"Eu vim para que vocês tenham vida... e vida em abundância." (Jesus Cristo – Evangelho de João 10:10)*
- *"Começaria tudo outra vez, se preciso fosse, meu amor..." (Gonzaguinha).*

- *"Deus está nas pequenas coisas e todas são importantes." (Bructl Bikel & Stan Jantz)*
- *"Carpe Diem... Aproveite o dia." (Filme "Sociedade dos Poetas Mortos")*
- *"Todo homem de honra é um rei, mas nem todo rei tem honra. " (Filme "Rob Roy – A Saga de uma Paixão")*
- *"Você é a saudade que eu gosto de ter... " (lsolda – "Outra Vez")*

Objetivos que podem ser alcançados com a utilização desses VITALIZADORES:

□ *Vitalizar* □ *Quebrar* o *gelo* □ *Acordar* □ *Acender* □ *Ascender* □ *Aquecer* □ *Alongar* □ *Animar* □ *Congraçar* □ *Entrosar* □ *Desopilar* □ *Quebrar paradigmas* □ *Ativar* a *memória* □ *Estimular* o *raciocínio*	□ *Melhorar* a *auto-estima* □ *Exercitar* a *percepção* □ *Desenvolver* a *agilidade* □ *Competir.* □ *Combater* a *timidez* □ *Refletir sobre si* □ *Trabalhar* a *rejeição* □ *Vencer desafios* □ *Estimular* a *criatividade* □ *Demonstrar afeto* □ *Aprender* a *abraçar* □ *Despertar para* o *trabalho em equipe*

Não fazer você se preocupar em como ***"acordar"*** *e manter* o *seu grupo* ***"aceso"***

NÓS JÁ PENSAMOS NISSO – E FIZEMOS!

Recordando alguns *CONCEITOS...*

O *que É Dinâmica de Grupo?*

Dynamis é uma palavra grega, que significa força, energia, ação. Quando Kurt Lewin utilizou a expressão ***"Dinâmica de Grupo"*** e começou a pesquisar os grupos, seu objetivo era o de ensinar às pessoas comportamentos novos através desse recurso – *utilizar a discussão e estabelecer tomada de decisão em grupo, em substituição ao método tradicional de transmissão sistemática de conhecimentos.*

TODA atividade que se desenvolve com pessoas *(reuniões, workshops, grupos de trabalho, grupos de crescimento ou treinamento, plenário/grandes eventos, etc.),* que objetiva integrar, desinibir, *"**quebrar o gelo**",* divertir, refletir, aprender, apresentar, promover o conhecimento, incitar à aprendizagem, competir e aquecer, pode ser denominada *Dinâmica de Grupo.*

> O simples encontro de pessoas
> para buscar qualquer **objetivo grupal é uma**
> *Dinâmica de Grupo*

O que É Vitalizador?

É uma *Dinâmica de Grupo.* É rápido, objetivo, eficaz para o que se propõe: aquecer, acender, ascender, *"levantar"* o grupo, descontrair. A expressão vitalizar sugere dar vida ou tornar vivo.

A utilização de um vitalizador não caracteriza necessariamente que vai gerar uma reflexão ou um aprendizado, porém, por ser feito por pessoas e com pessoas, tudo é possível. Existem vitalizadores **recreativos**, **competitivos** ou puramente **energizantes**.

O vitalizador deve ser o mais prático possível, podendo ou não serem utilizados materiais ou acessórios que venham demandar algum tempo de preparação ou elaboração prévios. Em geral, os recursos são as pessoas, o próprio facilitador e o ambiente.

Vita Um – ENTRANDO NO PIQUE

1
Relâmpago

ESTE é um vitalizador que pode ser aplicado a qualquer tamanho de grupo – quanto maior, melhor.

O facilitador solicita que todos peguem as suas *"bagagens" (bolsas, pastas, casacos, paletós, material do evento, etc.)* e, em seguida, orienta:

- *"Observe e grave quem é a pessoa que está à sua direita e à sua esquerda;"*
- *"Vou contar, regressivamente, a partir de cinco, e todos deverão trocar de lugar, de modo que ninguém fique ao lado de quem estava antes;"*
- *"Quem se sentar por último paga uma prenda."*

Quando todos estiverem, novamente, acomodados, sugerir que se cumprimentem e deem boas-vindas aos seus novos vizinhos.

2
O Salto

VITALIZADOR para grupos menores – até 25 participantes, em sala ampla. Ideal para complementar algum momento de apresentação no grupo.

O facilitador orienta todos a fazerem um círculo, em pé, após o que continua as instruções:

- *"Cada um de nós, um após a outra, vai dar um salta, indo até o centro da cfrculo, e gritará o seu NOME, bem alto; "*
- *"Após todas terem gritado a seu NOME, vou sinalizar e, ao mesma tempo, juntas, daremos um pula, um saco na ar e, mais uma vez, gritaremos a nossa nome."*

3
Vamos Pular!

VITALIZADOR aplicável a qualquer tamanho de grupo. Com a utilização da música *"Vâmu Pulá!" (Sandy & Júnior - CD "As Quatro Estações"),* o facilitador orientará o grupo a acompanhar o refrão da música, ou seja, todos juntos: vamos pular!

IDEAL para qualquer momento, principalmente inícios de atividades *(manhãs, começa de tarde)* ou mesmo em meio a uma palestra ou longa apresentação.

4
Terra, Céu e Mar

PODE ser aplicado a qualquer tamanho de grupo, porém, preferencialmente, grupos menores *(até 25 participantes)* tornam mais eficaz a dinâmica. Por ter caráter competitivo, torna-se interessante fazer com um subgrupo de até 15 pessoas, enquanto as demais serão a *"torcida organizada"*.

O facilitador sobe em uma cadeira ou mesa *(a sala deve estar totalmente livre)* e convida os voluntários:

- *"Formem uma fila de frente para mim, de modo que vocês fiquem alinhados do menor para o maior;"*
- *"O local em que vocês estão é a TERRA, à direita de vocês é o MAR e, à esquerda de vocês, é o CÉU;"*
- *"Quando eu disser CÉU, vocês pulam para o céu - ou seja,*

à sua esquerda; quando eu disser MAR, vocês pulam para o MAR - ou seja, à sua direita; quando eu disser TERRA, vocês pulam para a TERRA, ou seja, no centro;"

- "Quem for para o local errado será automaticamente eliminado. Vamos treinar um pouco e, daqui a pouco, serápra valer;"
- "Os três participantes finalistas serão os vencedores, pela ordem decrescente de eliminação."

O facilitador poderá *"enganar"* os participantes, gritando *(por exemplo)* **MAR** e apontando para o **CÉU** ou **TERRA**. Na verdade, cabe aos participantes terem uma excelente coordenação motora e mental.

5
O Quartel

SEMELHANTE ao vitalizador anterior, o facilitador pode eleger ou solicitar voluntários para um subgrupo menor – 12 membros, conforme a quantidade de patentes. Caracteriza-se pelo Marechal do agrupamento militar proceder à revista na sua tropa.

Os procedimentos são os seguintes:

- O facilitador desempenha a patente de *"Marechal";*
- Os participantes se assentarão, lado a lado – *faxineiro, cozinheiro, motorista, corneteiro, soldado, cabo, sargento, tenente, capitão, major, coronel e general* –, iniciando da esquerda para a direita, pelo "faxineiro", em cadeiras ou no chão *(no chão não é muito bom, por conta do excesso de movimentos que a brincadeira exige);*
- O facilitador inicia: *"Passei revisão no meu batalhão e faltou... Cabo:*
- Imediatamente, o cabo deve responder: *"Cabo não... Tenente!;*
- Com a mesma rapidez, o tenente deve responder: *"Tenente,*

não... Coronel!" E, assim, sucessivamente;

- Se alguém demorar a responder ou responder errado, é rebaixada a sua patente;
- Sempre que ocorrer rebaixamento de patente, é importante o Marechal recordar para os participantes a sequência do batalhão: "*Faxineiro, cozinheiro, motorista...*"
- Em seguida, recomeça: *"Passei revisão no meu batalhão e faltou...!"*

PROSSEGUIR com a brincadeira durante o tempo que achar conveniente, podendo fazer substituição de participantes, sempre que quiser.

6
Trotando

VITALIZADOR excelente para auditórios com muitas pessoas. Exatamente para aqueles momentos de moleza, de sono... nada como dar uma volta a cavalo! Quanto maior o número de pessoas, melhor o resultado.

O facilitador se posiciona em pé, semi-assentado ou encostado numa mesa ou palco, e explica que todos os participantes, agora, fazem parte da família dos eqüinos, ou seja, os homens serão cavalos e as mulheres excelentes éguas. Todos puros-sangues, bem cotados no mercado. Portanto, cavalos e éguas darão o melhor de si. Começa as instruções

- "Todos vamos trotar, batendo com as mãos nas pernas, no mesmo ritmo que eu... Estamos todos cavalgando numa estrada tranqüila, de formo ritmada e suave;"
- *"De repente, todos saem em disparada, porque avistaram uma cobra – as éguas vão para a direita e os cavalos para a esquerda;"*
- *"Voltam a andar devagar, outra vez, mas está dando uma*

vontade de beber água, o rio está longe e é necessário apressar o trote – agora, as éguas se misturam aos cavalos, bebem água e vão repousar; "

- "Éguas e cavalos, agora, podem se abraçar, pais estão descansados e saciados."

Colaboração: Rose Machado
(Consultora e Facilitadora de Programas de Capacitação/Fortaleza-CE)

7
Salve-se com um Abraço

ESTE é um vitalizador excelente para grupos que já se conhecem e que necessitam, sempre, exercitar e *"adubar"* as relações interpessoais. Vinte e cinco a 30 pessoas é a quantidade certa para se trabalhar. No entanto, pode-se aplicar a grupos maiores, também.

O facilitador sugere que todos fiquem de pé, livres, soltos, sem nada nas mãos, entrega um balão *(bexiga)* a uma pessoa, pede-lhe que o encha, dê um nó no balão e prossegue nas orientações:

- "Vocês vão dançar à vontade, em todo esse ambiente, soltos (sem pegar nas mãos uns dos outros), conforme o ritmo da música;"
- *"Tem uma pessoa que está segurando um balão. No momento em que eu parar a música, todas as pessoas, em dupla, se abraçarão;"*
- *"Aquela que estiver com o balão, deve entregá-Io à pessoa que estiver mais perto e que não esteja abraçada com ninguém. NÃO DEVE JOGAR O BALÃO E A PESSOA QUE FOR ESCOLHIDA DEVE RECEBÊ-LO e reiniciar a brincadeira;"*

- *"A música toca e todos voltam a dançar SOLTOS, SOZINHOS. O balão está em outra mão... A música pára, outra vez, e novas duplas se abraçam e o balão é entregue a outra pessoa... e, assim, sucessivamente."*

A atividade prossegue dentro da conveniência do facilitador. O princípio é: TODOS PRECISAM SER SALVOS... COM UM ABRAÇO.

8
Tempestade

VITALIZADOR excelente para pós-almoço, sendo adequado, preferencialmente, para grupos de até 30 pessoas.

O facilitador orienta que todos coloquem as cadeiras ou carteiras em círculo, solicita um voluntário – que deverá colocar a sua cadeira no centro do círculo – e prossegue com as orientações:

- *"Vocês estão em pleno oceano, dentro de um grande barco. Todos são passageiros ou tripulantes e a pessoa que está no centro é o comandante do barco;'*
- *"O comandante comenta que o mar está tranqüilo, em total calmaria;"*
- *"Em dado momento, ele (o comandante) dirá: 'duas ondas nos empurram para a direita' – Todos devem pular duas cadeiras para a direita. Se ele disser: 'uma onda nos* ***empurra para a esquerda****', todos devem voltar uma cadeira para a esquerda. Se ele disser '****uma onda nos empurra para a frente****', todos devem levantar e sentar rapidamente (tipo 'ola'). Se ele gritar* ***'TEMPESTADE'****, todos correm e trocam de cadeira, inclusive o COMANDANTE. Quem sobrar, será o comandante e continuará a brincadeira."*

9
O Trem

UTILIZAR este vitalizador como estratégia, antes do intervalo para *coffee-break.*

O facilitador orienta que os participantes formem duas fileiras paralelas, com as cadeiras:

- *"Vocês vão fazer uma viagem de trem e estas cadeiras são os tagões onde todos ficarão assentados. Eu serei o maquinista e vou dar os comandos;"*
- *"Vou colocar uma música (se tiver sons de trem, melhor ainda). Quando a música parar, vocês devem fazer o que eu disser;"*

Todos devem ficam atentos. Na parada da música, o maquinista diz:

"A fila à minha direita pula dois vagões para trás!"

"O trem virou e os vagões descarrilaram! (todos trocam totalmente)"

"Nesta estação vamos todos descer, tomar um cafezinho ebeber água" – E, assim, sucessivamente.

NESSE momento, todos aproveitam e saem para um *"cafezinho".*

10
Fazendo Chover

ESTE vitalizador é adequado para grandes auditórios.

O facilitador faz uma divisão do auditório em três grandes fileiras *(se já tiver três blocos de cadeiras, melhor)* e informa que vai ensinar como fazer chover.

- *"Na primeira fileira, todas as pessoas começam esfregando as mãos, uma na outra. À proporção que eu for caminhan-*

do em direção às outras fileiras, as pessoas dessas fileiras começarão e continuarão fazendo o mesmo (esfregando as mãos);"

- *"Quando eu estiver voltando, essa última fileira começará a estalar os dedos, junto comigo, ao mesmo tempo, enquanto as demais continuam com os movimentos anteriores;"*
- *"Ao chegar de volta à fileira inicial, reinicia com esta, dessa vez batendo as palmas das mãos nas coxas, indo até a terceira fileira... continua com MÃOS ESFREGANDO, depois DEDOS ESTALANDO, depois MÃOS BATENDO NAS COXAS...;"*
- *"Vamos perceber exatamente o som da chuva: FININHA, GOTEIRAS SUAVES e FORTES".*

11
Cadeira Premiada

ESTE vitalizador é próprio para grandes auditórios. É do tipo que envolve todos os presentes, principalmente por se tratar de um momento em que vai haver premiação. Quem não quer ganhar alguma coisa?

PREVIAMENTE, os organizadores ou o próprio facilitador colocam, presos com fita gomada *(crepe ou similar),* papeletas com identificação de prêmios – esses prêmios, dependendo do evento e dos participantes, ficam a critério dos organizadores.

NUM dado momento, o facilitador pede que todos fiquem de pé e informa que haverá um sorteio especial de prêmios. Muito provavelmente, *"você pode, neste momento, estar sentado em cima do seu prêmio".* Sugere, portanto, que todos olhem debaixo das suas cadeiras e verifiquem se existe uma" *cartela premiada".*

Os agraciados podem se dirigir à frente ou procurar a coordenação do evento para receber os seus prêmios. Nesse momento, pode-se dar um intervalo, se for o caso.

12
Retirando as Cadeiras

É um excelente vitalizador, recreativo, muito bom para exercitar a agilidade, percepção e, quem sabe, até o preconceito *(sentar no colo do outro?!... isso não vai dar certo!).* Sugerimos que seja aplicado a grupos pequenos – até 18 ou 20 participantes.

O facilitador sugere que todos fiquem de pé e procede as orientações:

- *"Formem um círculo com as cadeiras, todas voltadas para fora (como se as pessoas estivessem assentadas olhando para fora do círculo);"*

A quantidade de cadeiras deve ser equivalente ao número de participantes, MENOS UMA;

- *"Circulem ao redor, bem próximo das cadeiras, durante o tempo em que estiver tocando uma música (bem ritmada). Quando a música parar, todos devem se assentar. Sobrará alguém, que deverá também se assentar, de alguma forma, mesmo no colo de alguém. Ninguém pode ficar em pé, fora do círculo;* "
- "Quando voltar a música, vocês voltarão a caminhar... quando parar, vocês sentam e, assim, até o final;"

A cada rodada nova, o facilitador retira uma cadeira e a pessoa que sobrou, até que só exista, no final, UMA ÚNICA CADEIRA.

AFINAL, o objetivo é exercitar a criatividade, o companheirismo e a determinação, num desafio comum a todos.

13
O Presente

EXCELENTE vitalizador para momentos pós-almoço ou após blocos de trabalho mais longos. A quantidade de participantes mínima de 10 pessoas, máxima de 40 *(ou mais),* desde que possam todos ficar em forma de círculo.

O facilitador orienta a formação de um círculo amplo, o mais espaçado possível, com cadeiras, de modo que não fique nenhuma cadeira livre. Os procedimentos são os seguintes:

- *"Guardem todos o seu material, tudo o que estiver sobre as cadeiras ou no colo, não esquecer de colocar os nomes nas suas pastas ou apostilas, porque isso aqui vai virar uma grande confusão;"*
- Solicitar um voluntário e orientar que ele fique no centro do grupo, em pé;
- Retirar do círculo a cadeira que ele *(o voluntário)* estava sentado;
- Proceder o início do exercício, dizendo que: *"Sempre ficará alguém sobrando, uma vez que foi retirada uma cadeira;"*
- *"Quem ficar no centro, deverá dizer – sem demora, agilmente –, bem alto, para que todos ouçam, o seguinte: EU TROUXE UM PRESENTE PARA UMA PESSOA QUE... (exemplos):* **estiver de óculos, tem olhos, estiver de jeans, tem mãos, ou boca, olhos, cabelos, estiver de sapatos** *e, assim, sucessivamente, usando toda a criatividade possível;* "
- *"Todas as pessoas que se enquadrarem no que for dito, devem trocar de lugar, rapidamente, inclusive a que estiver no centro. Sobrará alguém, que deverá continuar a brincadeira;*
- *"As pessoas que sobrarem no centro, a partir de duas vezes, pagarão uma prenda, ao final, a critério do grupo".*

O facilitador pode já ter, estrategicamente, uma *"prenda"* certa – pode-se imitar algum animal, dançar uma música bem constrangedora, etc.

14
Caminhando & Cantando

ESTE é um vitalizador muito bom para fortalecer o contato entre as pessoas de um grupo, bem como promover a aproximação e o conhecimento interpessoal.

PREPARAR, previamente, papeletas em quantidade equivalente ao número de participantes, contendo títulos ou trechos de músicas conhecidas *(devem ser de quatro a seis músicas, só para juntar pequenos grupos).*

- *Distribuir a cada pessoa uma papeleta dobrada;*
- *Pedir que ninguém abra a sua papeleta até que todos tenham recebido;*
- *Sugerir uma caminhada pelo ambiente, onde cada pessoa vai caminhando e cantando a música da papeleta, ao mesmo tempo em que vai descobrindo outros companheiros que estão cantarolando a mesma melodia, formando grupos de acordo com a música.*

SE for o caso, os subgrupos formados serão utilizados para discussão de algum tema ou responder questões. A criatividade é livre.

15
A Moeda

ESTE é um vitalizador para grupos de até 20 participantes. Se tiver uma quantidade superior de pessoas, é necessário dividir em dois grupos, todos de pé, em círculo.

O facilitador pega uma moeda *(qualquer tamanho e valor),* na frente do grupo, passa álcool, para limpar a moeda, e explica:

- "Vou contar DOIS MINUTOS, até que todos passem esta moeda por dentro da suas roupas e que ela caia no chão;"

- *"A próxima pessoa fará o mesmo e, assim, sucessivamente".*
- *Quando, aproximadamente, metade do grupo tiver efetuado o procedimento, o tempo de dois minutos terá se esgotado.*

O facilitador dará outra chance ao grupo, para a conclusão.

Geralmente todos conseguem.

FICA energizante quando se tem dois ou três grupos tentando passar a moeda, no tempo estipulado pelo facilitador.

16
Passeando na Praça

VITALIZADOR muito bom para anteceder grupos de estudo ou discussão de algum tema. Ou seja, o próprio vitalizador já é a formação dos grupos.

O facilitador solicita que cada pessoa escolha outra pessoa e, juntas, caminhem de braços dados, como se estivessem numa praça. Em seguida, braços dados a três, a quatro, a cinco.

QUANDO os grupos estiverem formados, pode o facilitador desenvolver o que quiser. Afinal, agora, está todo mundo *"aceso".*

17
Balões na Cintura

ESTE é um vitalizador excelente para momentos de recreação e confraternização. É mais animado com o auxílio de música.

O facilitador solicita a formação de dois grupos, voluntários. Distribui dois ou três balões e barbantes para cada pessoa e orienta que cada uma amarre/prenda os seus balões à cintura. Quando todos estiverem com os seus balões devidamente amarrados à cintura, ele orienta:

- *"Cada grupo tentará estourar os balões do outro grupo, durante o tempo de três minutos;"*
- *"À medida que o participante ficar totalmente sem balão, sai automaticamente do jogo;"*
- *"Ao final dos três minutos, o grupo que tiver mais balões CHEIOS será o vencedor."*

18
Preserve o seu Balão

ESTE é mais um vitalizador com balões. Aliás, sempre que se coloca balões em atividades grupais, o clima fica mais festivo e *pra cima.*

O facilitador informa que todos receberão um balão e um palito. Cada pessoa deverá PRESERVAR o seu balão.

- *"Vou colocar uma música e vocês terão dois minutos ou durante o tempo em que a música estiver tocando."*
- A tendência de todos é querer estourar o balão do outro. Mas, foi dito apenas que cada um *PRESERVASSE* o seu balão, *NÃO* que estourasse o do outro. Vale uma reflexãozinha, no final.

19
Estourando Balões

EXCELENTE vitalizador para encerramentos de eventos, celebração, comemoração!

O facilitador distribui um balão por pessoa, pede que todos encham os seus balões, dêem um nó e fiquem com eles, sem estourar. Sugere que todos fiquem de pé, segurando, apenas os seus balões.

- *"Nesse momento, nós vamos manter em cima tudo o que a gente vivenciou... Não vamos deixar cair os nossos balões, não vamos deixar esmorecer aquilo que nós aprendemos;"*
- *"Ao som de uma música, todos nós vamos jogar os nossos balões pra cima e NÃO DEIXÁ-LOS CAIR, nem os que estão com as outras pessoas – ou seja, ajude alguém que esteja com o balão caindo..."*

A música escolhida pode ser a critério do facilitador, desde que gere um clima de celebração, mudança, continuidade. Depois de algum tempo, o facilitador pede que todos segurem os seus balões e, a um sinal, todos estourarão, juntos. É uma excelente *"queima de fogos"*.

20
Dançando

ESTE é um vitalizador muito bom para grupos que já se conhecem. Deve ser aplicado a um número de até 40 pessoas.

O facilitador solicita a formação de duplas (ou casais) e entrega – por casal – um balão e pede que o encham.

- *"Vocês vão dançar uma música, juntos, tendo o balão ENTRE VOCÊS DOIS;"*
- *"Vamos ver quem consegue manter o ritmo, a afetividade, a sincronia, sem derrubar ou estourar o balão."*

A atividade prossegue, podendo ser efetuadas trocas de pares.

21
Cabeça & Barriga

ESTE é exatamente "pra'quele" momento de sono, de moleza depois do almoço. É simples:

- Todos de pé, soltos, uma mão na barriga (aberta), outra na cabeça. Começam movimentos circulares, com a palavra de ordem, todos juntos, bem alto: *"Nem fome, nem sono... nem fome, nem sono!"* Depois, invertem as mãos e repetem o refrão.

A seguir, o facilitador conta, regressivamente, para todos se assentarem: *"três, dois, um... já!"*.

Colaboração: Graeme Clive
(Diretor da Sky Traduções/Fortaleza-CE)

22

Siga o Líder... Dançando

PARA encontros recreativos ou de celebração, é uma excelente opção. Serve pra quebrar a formalidade, desinibir e, naturalmente, divertir bastante. É mais conveniente que o grupo esteja em círculo.

COMEÇA-SE com apenas o facilitador, o qual colocará uma música ritmada *(sem ser muito acelerada)* e se dirigirá, dançando, numa coreografia bem ridícula, até uma pessoa qualquer do grupo e ficará fazendo a dança frente a frente a essa pessoa.

ELE orienta que a pessoa que ele escolher deve segui-lo, fazendo exatamente como ele estiver fazendo:

- *"Os movimentos (ou a coreografia) que eu fizer, a pessoa deverá fazer – até que eu dê uma volta de 180º. Nesse momento, a pessoa passará a me seguir, fazendo exatamente como eu estiver fazendo;"*
- *"Ela me acompanhará até eu chegar numa outra pessoa frente a frente –, aí daremos uma volta de 180º. A pessoa escolhida passa a ficar atrás de mim e a que estava atrás de mim agora será a líder. Portanto, começará uma nova coreografia e os demais da fila a seguirão."*

- *"Dirige-se, com as pessoas da fila imitando-o, até uma nova pessoa, faz o giro de* 180º, *e a última da fila agora será a líder e, assim, sucessivamente, até que todos ou um bom grupo tenha participado e se divertido bastante.* "

EXISTE a letra de uma música, denominada ***"Dança do Xepe-Xepe"***, que pode ser utilizada *(cria-se uma melodia)* e que diz assim:

> *"Eu fui* a *Nova York visitar* a *minha vó*
> *Minha vó* me *ensinou* a *dançar* o *xepe-xepe...*
> A *dança do xepe-xepe,* a *dança do xepe-xepe,*
> A *dança do xepe-xepe... auê. aô!"*

EXATAMENTE no *"auê, aô!"*, é feito o giro de 180°.

Vita Dois – ESTICANDO O CORPO

23
Eu me Amo!

ESTE é o vitalizador que serve para as pessoas lembrarem o quanto elas próprias são muito importantes, principalmente para elas mesmas. Pode ser feito em qualquer momento do trabalho grupal, mas é um vitalizador bom para *começos.*

TODOS ficam em pé e dão um abraço em si. Tentam *envolver-se com os próprios braços até as costas e acariciam a própria cabeça, passam as mãos nos cabelos, beijam os braços, declinam a cabeça, fecham os olhos suavemente, suspiram de amor próprio e dizem, baixinho, só para o coração:* ***"Eu me amo pra caramba!"***

Ao mesmo tempo que acontece isso tudo, é um excelente movimento de alongamento dos músculos das costas.

24
Só os Pés

ESTE vitalizador é uma seqüência de movimentos de alongamento só para os pés e é adequado para iniciar uma atividade grupal. É necessário retirar as cadeiras, para que a sala fique totalmente livre.

O facilitador sugere que todos tirem os calçados *(porém, deixa as pessoas à vontade, se alguém não quiser tirar),* fiquem de pé, livres, soltos, sem nada nas mãos, em círculo e inicia as orientações:

- *"Firmem o calcanhar de um dos pés no chão e dobrem esse pé para cima, favorecendo o alongamento da parte de trás da perna.*
- Em seguida, dá um passo e faz a mesma coisa com o outro pé... dá outro passo e repete algumas vezes.
- No meio do trajeto, orientar outros movimentos:
  - *Andar com* os *pés dobrados (pisando com as laterais dos pés);*
  - *Pés na posição* "15 *para* as *três", totalmente voltados para fora, bem abertos, até sentir doer levemente no alto das coxas;*
  - *Pés na posição "acento circunflexo", voltados para den*tro e *dá uma pequena carreirinha,* em *círculo;*
  - *Somente no calcanhar;*
  - *Na ponta dos pés, tipo bailarina;*
  - *Bater* os *pés no chão, algumas vezes, firmemente.*

PRONTO! Agora, todos estão bem dispostos para começar as suas atividades.

25

Saci-Pererê

ESTE é outro vitalizador muito bom para início de atividades. É puramente um alongamento para as coxas, além de divertir, porque todos vão brincar de *"saci-pererê"*.

É necessário que o ambiente esteja livre, sem cadeiras, todos descalços, sem nada nas mãos:

- *"Nos vamos dobrar uma perna, segurando.a por trás com uma das mãos, até sentir uma leve dor na parte superior da coxa;"*
- *"Vamos fazer a mesma coisa com a outra perna;"*

- *"Agora, a gente escolhe a nossa melhor perna e vamos dar uma volta na sala, com uma perna só."*

ESTE vitalizador *"mexe"* levemente no preconceito das pessoas, principalmente quando tem mais homens do que mulheres. Pode ser realizado com qualquer tamanho de grupo.

O facilitador orienta que cada pessoa escolha uma outra, vá e segure as mãos dela, numa possível posição de *"declaração de amor"*.

- *"Segurem firmemente as mãos um do outro e se joguem para trás, alongando bastante os braços, deixando os ombros bem soltos, até encontrar o ponto de equilíbrio;"*
- *"Vocês vão perceber que não é uma questão de peso: o menos pesado dos dois deita para trás com mais intensidade, justamente para encontrar o ponto de equilíbrio;"*
- *"Vamos trocar de par e fazer o mesmo com outra pessoa."*

A atividade prossegue até que várias trocas tenham sido feitas.

Pode-se juntar uma dupla com outra dupla e fazer o alongamento a *quatro.* Ao final, o facilitador pode sugerir alguns abraços para consolidar o momento.

27
Vamos lá Embaixo?

ESTE é semelhante ao *"Declaração de Amor" (anterior).* É, também, muito bom pra começo de atividade, antes de um treinamento ou uma palestra, etc.

O facilitador orienta que cada pessoa escolha uma outra, vá e fique segurando as mãos dela:

- *"Nós vamos lá embaixo, ou seja, vamos ficar de cócoras, de mãos dadas – eu vou contar até três e, à proporção que eu for contando, nós vamos subindo, bem devagar."*

O facilitador pode sugerir fazer com mais algumas pessoas e terminar com um abraço.

28
Caranguejo

VITALIZADOR bem legal pra exercitar a coordenação motora e o equilíbrio em dupla.

O facilitador orienta que todos formem dupla, costa com costa, com os braços entrelaçados. Em seguida, sugere o desafio:

- "Vocês vão manter os braços entrelaçados, costas e bundas bem coladas, não se dobrar pra frente, descer até embaixo, ficando de cócoras;"
- *"Procurem dar um passo para um lado, depois para o outro, de forma sincronizada, pra trás e pra frente – lembrando a forma de andar de um caranguejo."*

A atividade prossegue dentro da conveniência do facilitador. É um desafio interessante, considerando que muitos acham muito difícil e nem tentam, mas, quem faz e consegue a proeza de andar como um caranguejo, vibra com o sucesso alcançado.

29
Círculo Agachado

ESTE vitalizador é uma variação do *"Vamos lá Embaixo?" (N.°7)*. Também muito bom pra começo de dia ou início de atividades grupais. Sendo realizado com grupos grandes fica mais animado.

O facilitador pede que sejam formados pequenos grupos de até quatro pessoas, de mãos dadas, e dá o desafio:

- *"Mantendo as mãos unidas, vocês vão até embaixo, de cócoras;"*
- "Dêem um passo para a direita, depois para a esquerda (de cócoras, ainda);"
- *"À medida que eu for contando até três, vocês vão subindo,*

lentamente, juntos – não podem soltar as mãos, nem, naturalmente, cair. Boa sorte!"

Os grupos podem se misturar, se juntar, até fazer com o grupo inteiro.

30

Costa com Costa

ESTE vitalizador é excelente para alongar, ao mesmo tempo, o corpo inteiro. Deve ser feito com cuidado, *respeitando as idades uns dos outros*. Pode ser realizado com grupos de qualquer tamanho e em qualquer momento da atividade grupal.

O facilitador pede que cada pessoa faça dupla com outra pessoa e fique costa com costa.

- "Peguem as mãos um do outro e alonguem, o mais alta que vocês puderem, como se estivessem se espreguiçando com as mãos do outro;"
- "Troquem de par, escolhendo, preferencialmente, alguém que vocês conheçam ou tenham mais aproximação e façam a mesma coisa;"
- "Agora, soltem os braços, mantenham costas e bundas coladas e vão virando, simultaneamente, sem descolar, de modo que vocês fiquem frente a frente, mãos com mãos espalmadas, barrigas coladas,"
- *"Vão abrindo as mãos, formando uma cruz... Agora, é só escorregar as mãos e dar um abraço de boas-vindas."*

NESSE momento, pode-se dar tantos abraços quantos forem possíveis. Utilizar se quiser, alguma música bem animada, tipo *"O que é, o que é" (Gonzaguinha)* ou *"Aquele Abraço" (Gilberto Gil)*.

VER *A RECEITA DO ABRAÇO-* *'S.O.S. Dinâmica de Grupo"*
Introduçãolpágina XVlll- Albigenor & Rose Militiio - Qualitymark Editora

31
Empurrando & Abraçando

VITALIZADOR muito bom para ser aplicado bem no meio de uma palestra, após um longo período em que as pessoas estiverem sentadas. Puramente para uma boa esticada.

O facilitador pede que todos fiquem de pé, sem nada nas mãos, dêem uma espreguiçada legal, uma bocejada e formem par com a pessoa do seu lado.

- *"Fiquem frente a frente um do outro, mãos espalmadas, coladas umas nas da outra pessoa;"*
- *"Mantenham as mãos juntas e vão afastando os pés, até vocês ficarem inclinados e apoiados um no outro, encontrando o ponto de equilíbrio;"*
- *"Agora, sem soltar as mãos, vão se aproximando... aproximando, até as mãos ficarem bem esticadas lá em cima, bem alongadas."*

NESSE momento, nada como um rápido abraço: *"oi!... Tudo legal? Que bom estar aqui com você!..."* etc.

32
Círculo e Beijo

ESTE é excelente vitalizador para grupos que já se conhecem e que já desenvolvem uma certa afetividade. É bom para reiniciar alguma atividade grupal após um intervalo. Aconselhamos que não se faça com grupos acima de 30 pessoas.

O facilitador sugere que todos fiquem de pé, num círculo, de mãos dadas:

- "Vamos manter as mãos bem firmes, unidas. Nós vamos, agora, nos dar um presente. Vou começar, e o que eu fizer (ou der) pra pessoa que eu escolher, essa pessoa retribuirá noutra pessoa e, assim, sucessivamente;"

- "Vou me dirigir a uma pessoa do grupo, no círculo, sem soltar as mãos das que estão de cada lado meu. Elas vão forçar, puxando levemente pra trás, mas permitirão que eu siga em frente até chegar à pessoa que eu escolhi e... lhe dou um beijo."

CADA pessoa retribuirá o seu beijo noutra pessoa, até que todos tenham recebido um beijo de alguém. Pode ser feito, também, por amostragem, definindo que só oito ou 10 pessoas serão agraciadas com um beijo *(isso a critério do facilitador, dependendo do tempo, do tamanho do grupo etc.).*

33
Rompendo o Cerco

As pessoas, nesse vitalizador, tendem a sair do círculo na pancada. Ao mesmo tempo que vitaliza o grupo todo, também leva a algumas reflexões: *"Por que eu não pedi licença? É mais fácil ser amável do que agredir"*. É ideal para grupos entre 10 e 25 participantes.

O facilitador orienta a formação de um círculo, com os braços entrelaçados e, em seguida, solicita um voluntário para ficar no centro do círculo e dá as instruções:

- *"Você, que está no centro do círculo, tem uma missão: tentar sair daí, usando toda a sua criatividade, a seu critério, do jeito que você quiser – você tem 30 segundos pra sair;* "
- *"O grupo, também, tem uma missão: impedir que ele(a) saia do círculo;"*
- *"Vamos ver como vai ser..."*

A atividade prossegue dentro da conveniência do facilitador. Após algumas tentativas do voluntário, o próprio facilitador pede pra ele (a) trocar com alguém *(o facilitador indica),* até que alguns tentem das mais diferentes formas. Ao final, pode-se apenas considerar ter sido um momento de descontração ou refletir sobre ***"quais as palavras mágicas do relacionamento humano?"*** **(VIDE** *"S.O.S. Dinâmica de Grupo"* **"página 36** – *Albigenor & Rose Müüão* - **Qualitymark Editora).**

34

Posso Entrar?

PARA este vitalizador repete-se todos os procedimentos do *"Rompendo o Cerco" (anterior),* **de forma contrária.** Mesma quantidade de pessoas.

O facilitador orienta a formação de um círculo, com os braços entrelaçados e, em seguida, solicita um voluntário, que ficará do lado de fora do círculo, e dá as instruções:

- *"Você tem uma missão: tentar entrar no círculo, usando toda a sua criatividade, a seu critério, do jeito que você quiser, justificando porque você tem que fazer parte desse grupo - você tem 30 segundos pra conseguir entrar;"*
- *"Da mesma forma, o grupo, também, tem uma missão: impedir que ele (a) entre no círculo;"*
- *"Vamos ver como vai ser..."*

A atividade prossegue dentro da conveniência do facilitador. Após algumas tentativas do voluntário, o próprio facilitador pede pra ele(a) trocar com alguém *(o facilitador indica),* até que alguns tentem das mais diferentes formas. Ao final, pode-se apenas considerar ter sido um momento de descontração ou refletir sobre ***"qual a sensação de não conseguir ou não ter acesso ao circulo, o que sentiu pelas pessoas, por não deixarem você entrar?"*** **(VIDE *"S.O.S. Dinâmica de Grupo"* /página 38 - *Albigenor & Rose Militão* - Qualitymark Editora).**

35
Cabo-de-Guerra

ESTE é um ótimo vitalizador para encontros de recreação. Para pessoas de qualquer idade, principalmente jovens ou adolescentes. Não precisa, necessariamente, ser feito com a participação de todos. Pode-se criar uma situação de competição.

O facilitador solicita dois grupos voluntários, de até seis participantes *(cada),* entrega-lhes uma corda grande – três a quatro metros – e dá as instruções:

- *"Cada grupo ficará de forma oposta ao outro, respeitando o limite dessa linha divisória no chão (riscar ou marcar previamente uma linha no chão);"*
- *"Vocês segurarão esta corda e cada grupo puxará para o seu lado. Será vitorioso o grupo que conseguir arrastar o outro, ultrapassando a linha divisória."*

O facilitador pode oferecer um prêmio para o grupo vencedor – quem sabe, uma caixa de chocolates.

36
O Grito

ÓTIMO vitalizador para extravasar o estresse emocional, o cansaço mental. É rápido e bastante animado. Pode ser realizado com qualquer tamanho de grupo – quanto maior, melhor – em qualquer momento da atividade.

TODOS ficam de pé, colocam as mãos fechadas nas costas, braços abertos, forçando a região dos rins.

- *"Nós vamos dobrar o corpo pra trás, o máximo que a gente puder;"*
- *"Voltar à posição normal e expirar profundamente... vamos fazer umas três vezes;"*

- *"Agora, eu vou contar até três e, à proporção que eu for contando, nós vamos dobrando. No três, a gente vai dar o nosso melhor GRITO. Um grito que venha de dentro, bem primal."*

O facilitador deve repetir umas três vezes o grito, até ficar *"no ponto"*. Como opção, na última vez, todos gritam e saem correndo – gritando – e terminam o seu grito pronunciando o seu nome, bem alto. É coisa de doido, mesmo, mas é extremamente energizador.

37

Esticando o Círculo

ESTE vitalizador tem semelhanças com o *"Declaração de Amor"* (nº 26). É, praticamente, o mesmo procedimento, com a vantagem de ser com mais pessoas – daí gerar maior segurança. Pode ser aplicado em grupos de qualquer tamanho. Para isso, basta separar em pequenos grupos de quatro a seis pessoas.

O ambiente deve estar livre, sem cadeiras, e os grupos se juntam, as pessoas de mãos dadas, segurando firmemente.

- *"Vocês seguram nas mãos uns dos outros e esticam o círculo o máximo que puderem, até sentirem os ombros bem soltos;"*
- *"Fazer um balanço circular, suave, para os lados;"*
- *"Um grupo se junta a outro e repete o procedimento num grupo maior;"*
- *"Agora, ao invés de mãos entrelaçados, os participantes apenas juntam as palmas das mãos e, todos, tentam dobrar. se pra trás... pra frente... levar as mãos até o centro do grupo... voltar à posição inicial;"*
- *"Vamos, agora, tentar formar um grupo único e repetir o procedimento – juntando as palmas das mãos –, fazer a mesma seqüência e concluir todos APLAUDINDO COM A MÃO DO OUTRO".*

38
Cotovelos & Murros

ESTE é outro vitalizador antiestresse. Pode ser aplicado a qualquer tamanho de grupo e em qualquer momento, principalmente naquelas horas depois de muito tempo que os participantes estão assentados.

TODOS ficam de pé, livres, soltos, sem nada nas mãos. O procedimento é o seguinte:

- *"Punhos fechados, braços dobrados e levantados à altura dos ombros – flexioná-los para trás, um após o outro, como que dando cotoveladas. Verbalizar, bem alto, a palavra:* ***sai!****, várias vezes, à medida que vai cotovelando;"*
- *"Com os punhos ainda fechados, socar para baixo, ao mesmo tempo em que expira bem forte;"*
- *"Da mesma forma, socar para a frente, expirar também forte e concluir torcendo os punhos, como qu'em está esganando alguém."*

Ao final, o facilitador deixa, durante uns dois minutos, uma música suave e orienta uma seqüência de *inspirar/expirar.* Todos retomam aos seus lugares e tudo continua, agora, mais animado.

39
Esticando Sozinho

ESTE é um vitalizador alongamento. Muito bom pra começo de dia ou até mesmo em meio a um período longo assentado ou em atividades repetitivas e enfadonhas. Grupos de qualquer tamanho.

O facilitador solicita que todos fiquem em pé e coloca uma música suave, mas ritmada.

- *"Vamos dar uma boa espreguiçada;"*

- *"Agora, bem comodamente, pernas levemente abertas, uma à frente da outra... estique o braço que corresponde à mesma perna que está à frente, o mais alto possível, sem levantar o pé do chão;"*
- *"Feche os olhos e imagine um caju ou uma fruta deliciosa num galho alto e você está tentando alcançá-Ia... tente... tente... consiga;"*
- *"Faça isso com o outro braço, da mesma forma;"*
- *"Agora, vamos imaginar um muro bem debaixo do nosso braço... estique o seu braço esquerdo, o máximo possível, para a esquerda... também tentando alcançar algo - sem levantar os pés... tente... tente... consiga;"*
- *"Repita com o outro braço;"*
- *"Abrace-se."*

É interessante promover um momento' de verbalizações, comentários, reflexões sobre o que cada um fez – e o que conseguiu ou não conseguiu.

40
Só Coisas Boas

ESTE é o que nós denominamos de *vitalizador relaxante.* Parece até com uma leve vivência - vamos utilizar um momento reflexivo acompanhado de música e respiração. Pode ser aplicado a qualquer tamanho de grupo, de preferência ao final de alguma apresentação, *"amarrando"* conceitos.

O facilitador orienta que todos se coloquem em pé, ombros soltos, bem livres, se quiserem, podem tirar os calçados, sem nada nas mãos. Coloca uma música suave, instrumental *(Vangelis, Enya, Kitaro ou Yanni)* e procede às orientações:

- *"Vamos procurar deixar o nosso corpo bem solto – ombros, pálpebras, os braços e dedos, podem fazer movimentos circulares, suaves, com a cabeça, a boca levemente entreaberta...;"*

- *"Inspire bem profundamente, imaginando que está trazendo pra você coisas boas e, ao inspirar, coloque pra fora aquilo que não presta...;"*
- *"Levante os braços bem alongadamente, enquanto inspira... e inspire o melhor, o bom da vida – a paz que você precisa, o amor e a harmonia na sua casa, o companheirismo e o afeto daqueles que você convive e ama, o sucesso no seu trabalho, os sonhos que se realizarão, a saúde, as bênçãos de Deus...;"*
- *"Fique com você esse tempinho, de olhos fechados, e agradeça POR TODAS ESSAS COISAS BOAS QUE VIRÃO, COM CERTEZA."*

UMA sugestão boa para terminar esse momento é colocar o *"Salmo 23" (Cid Moreira Salmos Vol. I).* O facilitador pode, ao final, abrir para um breve compartilhar, se for o caso.

41
Ginástica Erótica

ÓTIMO vitalizador para qualquer número de participantes, acima de 20 pessoas, preferencialmente grupos de pessoas que já experimentem um relacionamento afetivo.

O facilitador fala que *"todos iremos participar de um momento de massagem".* Sugere que todos fiquem de pé, livres, soltos, sem nada nas mãos, cada pessoa deve escolher seu par e inicia as orientações:

- *"Vocês vão experimentar dar e receber uma massagem erótica;"*
- "Vamos tomar banho: comece a lavar o cabelo do seu par... passe shampoo... passe água pelo corpo... passe o sabonete deslizando pelo rosto, pescoço, barriga, etc.;"

- "Agora, pegue a toalha e enxugue o seu par. Se quiser, passe creme hidratante. perfume, seque os cabelos, etc."

A atividade continua, invertendo os papéis. É importante a escolha de uma música suave para servir de fundo. Pode-se utilizar para grupos da *Terceira Idade,* que estão carentes de toque e afeto.

42

Massageando

OUTRO vitalizador *relaxante.* É aconselhável para grupos que já se conheçam ou tenham uma certa afetividade ou aproximação, uma vez que vai envolver toque. A quantidade de pessoas é livre. Pode ser aplicado num início de atividade ou após algum intervalo – ou antes, do intervalo. As pessoas sairão para um *cafezinho* bem soltas e até mais próximas.

O facilitador orienta que cada pessoa procure ficar, em pé, atrás de outra pessoa, assentada. Esta deverá ficar de braços soltos, assentada confortavelmente, fechar os olhos, ouvir a música e curtir a massagem que irá receber.

"Experimente usufruir desse momento. Cada um de nós vai dar e receber uma massagem, ao som dessa música" (utilizar Vangelis, Enya, Kitaro, Yanni algum tema de filme não popular "Em *Algum Lugar do Passado", "Rob Roy", "D. Juan de Marco", "Cinema Paradiso" etc.);*

"Fiquem totalmente em silêncio, falem apenas com o coração... sintam, respirem suavemente, deixem fluir a paz e o relaxamento."

A atividade prossegue, quando o facilitador orienta que os pares invertam e continua o procedimento. Pode-se, ao final, compartilhar o antes, o durante e o depois – se for o caso.

Vita Três – CONTATO & AFETO

43
As Vogais

ÓTIMO vitalizador para grupos que já se conhecem. É interessante para se trabalhar formas de tratamento, a partir do tom de voz. Grupos de até 20 pessoas torna-se mais prático e objetivo, uma vez que há uma seqüência de repetições.

O facilitador orienta que cada pessoa se dirigirá a outra, livremente, e lhe *"falará"*, utilizando apenas as cinco vogais, alternando, criativamente, todos os tons possíveis de cada uma. Ao mesmo tempo que fala, também, em seguida, ouvirá. Exemplo:

- "Ah!... Éééé... lhhh Ó... Ohhhh... Uhhhh...!;"
- "Podem ser gargalhadas em forma de VOGAIS, expressões de crítica, deboche, admiração, afeto, raiva, ete."

A atividade prossegue dentro da conveniência do facilitador. Pode-se, ao final, consolidar o momento, com alguns abraços. Também podem ser feitas algumas reflexões, percepções e aprendizados.

44
Tons de Nomes

EXCELENTE para ser feito *(se for necessário)* após *"Memorização"* (Nº 83). É mais prático para grupos de até 25 participantes e possibilita um bom momento de descontração, além de reforçar os nomes das pessoas.

O grupo pode ficar posicionado em círculo e, cada pessoa, da esquerda para a direita, dirá o nome do seu vizinho *(da direita)* utilizando três tonalidades diferentes, a seu critério.

PROSSEGUE até que todos tenham concluído. Pode-se ouvir algumas percepções: como foi ouvir o seu nome pronunciado por determinadas pessoas, de formas tão diferentes, etc.

45

Abraço de Adolescente

EXISTEM várias formas de abraçar alguém. Um abraço pode ser caracterizado como qualquer gesto que proporcione à outra pessoa uma melhoria da autoestima: um simples *"bom-dia"*, um elogio, um sorriso, um leve toque, um olhar, um gesto aberto, uma expressão de *"parabéns"*.

ESTE ***"Abraço de Adolescente"*** foi criado por nós em homenagem aos nossos filhos adolescentes – especialmente o Diogo – e pensando na forma de a *"galera"* dessa faixa etária se cumprimentar, se encontrar. É, portanto, um vitalizador ***"beleza/", "sarado/", "massa!", "legal/"*** e pode ser aplicado a qualquer tipo de grupo – seja adulto, jovem ou adolescente. No início ou encerramento de alguma atividade *(palestra, treinamento, encontro, etc.)*

"Nós Vamos nos cumprimentar bem no estilo adolescente: bate a mão direita espalmada, no alto, na mão direita espalmada da outra pessoa e vice-versa – esquerda de si na esquerda do outro – em seguida, um rápido abraço;"

PODE-SE colocar uma música ritmada e todos se abraçam dessa forma. Pelo menos, 12 abraços.* É massa!

* VER A *RECEITA DO ABRAÇO* – *.S.O.S. Dinâmica* de Grupo. *Introdução/página XVIl1 – Albigenor & Rose Militão (Qualitymark Editora)*

46
Abraço de Shopping

ESTE é outro vitalizador utilizando um tipo de abraço não convencional. É mais adequado para grupos que já se conhecem, mas pode ser aplicado a qualquer grupo, de qualquer tamanho.

O facilitador faz a demonstração com outra pessoa:

- *"Vamos formar duplas..."* – É importante dar uma pausa, antes das orientações seguintes;
- *"Cada dupla deve definir quem dos dois será PAR ou ÍMPAR;"*
- *"As duplas juntam as palmas das mãos, frente a frente;"*
- *"Os dois levantam as mãos, juntas, coladas, até o alto, de modo que as quatro mãos fiquem juntinhas;"*
- *"Colem as barrigas;"*
- *"Agora... somente quem for PAR deve abrir os braços em forma de cruz, bem esticados – o IMPAR continuará com os braços esticados para o alto, bem juntos;"*
- *"Vou contar até três: os PARES fecham os braços em volta do tórax do companheiro e os IMPARES descem os braços em volta do pescoço do outro;"*
- *"Resultado: um excelente e SISTEMATIZADO abraço.*

TODOS se abraçam dessa forma, dando a entender que estão se encontrando num shopping ou local público. Aquele encontro de pessoas que há muito não se viam e, quando ocorre,... é uma festa, é um espanto!

COMO é o encontro? Ao se verem, um dos dois levanta os braços e o outro abre. No contato, os braços se fecham conforme as orientações acima. É superlegal!

47
Um Beijo, Apenas

ESTE vitalizador só deverá ser aplicado a um grupo de até 40 pessoas e que já esteja integrado. É excelente para fortalecer relacionamentos, quebrar barreiras sobre o toque, além de descontrair.

- *O facilitador sugere que todos fiquem de pé, em círculo:*
- *O facilitador dá um beijo na face do seu vizinho da direita;*
- *A pessoa que recebeu o beijo beijará, em seguida, o seu vizinho da direita e, assim, sucessivamente;*
- *Quando todos tiverem beijado, o facilitador começará tudo de novo, na ordem inversa – da direita para a esquerda;*
- *A pessoa SÓ BEIJARÁ o vizinho após ter sido beijada.*

Ao final, pode-se completar com um bom momento de abraços.

48
Dos Pés à Cabeça

EXCELENTE para qualquer tamanho de grupo. Tem o propósito de consolidar a integração e descontrair.

O facilitador solicita que todos fiquem de pé. Se o grupo for de até 30 pessoas, pode-se ficar em círculo. Se for maior ou do tipo auditório, pode-se organizar várias fileiras, juntando as alas da platéia.

- *"Nós vamos, agora, ficar íntimos dos pés à cabeça. Vou provar pra vocês que sairemos daqui com um grau de intimidade muito grande;"*

- *"Vamos nos cumprimentar, primeiro, apenas com os pés o vizinho da direita e o vizinho da esquerda. Podemos afirmar que estamos já íntimos dos pés pra baixo,"*
- *"Agora, com os joelhos... dos joelhos pra baixo, estamos na maior intimidade;"*
- *"Agora, vamos nos cumprimentar com os QUADRIS...;"*
- *"Agora, vamos nos cumprimentar com os COTOVELOS...; "*
- *"Agora, vamos nos cumprimentar com os OMBROS...;"*
- *"Agora, vamos nos cumprimentar com a CABEÇA... podemos dizer que estamos PARCIALMENTE íntimos dos pés à cabeça;"*
- *"Pra gente completar, agora nos cumprimentamos com as duas mãos – o vizinho da direita e o vizinho da esquerda;"*
- *"Vamos, portanto, consolidar a nossa intimidade, com um abraço".*

O facilitador pode colocar uma música nesse momento, enquanto todos se abraçam.

49
Recebendo & Passando

ESTE vitalizador é excelente para ser aplicado como fechamento, no encerramento de algum trabalho grupal. É mais adequado para grupos de até 30 pessoas.

O facilitador solicita que os participantes formem um círculo e pensem naquilo que receberam do grupo enquanto estiveram juntos. E, também, pensem naquilo que gostariam de passar para outras pessoas.

- *"Cada um de nós colocará a sua mão direita POR CIMA da mão esquerda do vizinho da direita e a mão esquerda POR BAIXO da mão direita do vizinho da esquerda;"*
- *"Com uma palavra – apenas UMA PALAVRA – cada pessoa deverá dizer o que recebeu do grupo ou do vizinho da*

esquerda e com OUTRA PALAVRA (ou a mesma, se ele achar que é), olhar para o vizinho da direita e passar algo positivo para ele;"

- *O participante que receber passará a mensagem para o seguinte, sempre no sentido anti-horário. Conclui-se quando todos do círculo tiverem recebido e passado.*

50
Aplausos

VITALIZADOR para finais, para agradecimentos, para despedidas, caracterizando como foi crescente o nível do encontro ou do aprendizado.

TODOS podem ficam de pé, não necessariamente em círculo, uma vez que, quanto maior o grupo, melhor o resultado sonoro *(também).*

- *"Vocês batem palmas da seguinte forma – sempre dando três toques: primeiro, a gente aplaude com um dedo indicador de cada mão... depois, acrescente mais um dedo dois dedos... depois, três dedos... quatro dedos e a mão toda; "*
- *"Vamos aplaudir com tudo..."*

O final é só afeto, abraços e muito obrigado.

51
Aplauso Sutil

É uma forma de aplaudir cada pessoa ao final da sua fala num grupo, principalmente quando é uma seqüência longa de apresentações. É adequado para grupos de até 30 pessoas, aproximadamente.

- *"Vamos aplaudir da seguinte forma: estalando os dedos – é uma forma sutil, carinhosa, silenciosa e não cansativa de demonstrar que VALEU o que o outro disse e que nós estávamos atentos."*

52
Bate, Rebate... Espalha!

EXCELENTE para qualquer número de participantes. Quanto maior, melhor. O facilitador começa explicando que o ambiente está repleto de pessoas extraordinárias e que, por isso, vamos espalhar essa energia, essas coisas boas que estão em nós, para to dos.

O facilitador solicita que todos fiquem de pé e formem duplas.

- As duplas, simultaneamente, tocam as mãos no ar, na altura da cabeça e fazem três movimentos:
  - *Mãos abertas (palmas* com *palmas), de frente* e *dizem: Bate!*
  - *Mãos abertas, de costas e dizem: Rebate!*
  - *Dedos juntos* ou *mãos* em *movimentos trêmulos, pra cima e dizem: Espalha!*
  - O *mote é: BATE! REBATE! ESPALHA!*

Ao som de uma música contagiante, todos devem sair à procura de parceiros para fazer o gesto e espalhar coisas boas pelo ar.

Colaboração: Manoel Marcos *"Baiano" (Participante do Curso Vendas & Negociação – IMAGEM DOMÍNIO Treinamento & Desenvolvimento Empresarial – Abril 2001 – Fortaleza-CE)*

53
Ferro & Imã

ESTE é um vitalizador que pode ser aplicado a qualquer número de participantes, desde que o espaço seja amplo, para os movimentos que serão realizados.

O facilitador orienta que todos os participantes fiquem de pé e escolham um par.

- *"Cada dupla deve fazer par ou ímpar. A pessoa que for par será o ÍMÃ e a que for ímpar será o FERRO;"*
- *"A pessoa-ÍMÃ, com a mão direita, deverá guiar a pessoa FERRO, para os diversos lugares do ambiente, ao som de uma música. Cabe à pessoa-FERRO segui-la;"*
- Após alguns minutos, invertem-se os papéis - quem era ferro será ímã e vice-versa.

A atividade prossegue dentro da conveniência do facilitador, sugerindo trocas de duplas.

54

Contorno Afetivo

VITALIZADOR excelente para qualquer tamanho de grupo.

Fica perfeito, independente do número de pessoas.

O facilitador solicita que todos fiquem de pé e cada pessoa forme dupla com outra.

- *"Acompanhando o ritmo da música que vocês vão ouvir, cada dupla deverá fazer movimentos sincronizados, tocando-se apenas com as pontas das dedos indicadores... Vocês podem ser bastante criativos nas suas coreografias;"*
- *Após alguns minutos, sugerir a troca de duplas ou juntar uma dupla com outra dupla, até que todo o grupo esteja em movimentos bem sincronizados e suaves.*

DEPENDENDO do grupo, o facilitador pode experimentar esse vitalizador com as duplas assentadas no chão, se tocando com os dedos dos pés. É igualmente bom.

Vita Quatro – MÚSICAS

ESTE bloco contém uma seqüência de 17 (dezessete) sugestões de músicas, a maioria conhecida *(cremos),* que poderão ser utilizadas sem uma pretensão organizada ou com tanto planejamento. Apenas para oportunizar ***uma celebração, um encontro, um começo de dia, um "levantar de ânimos", um momento de criatividade ou uma despedida***. Não necessariamente os grupos têm que ser conhecidos ou íntimos, porém quanto mais próximas ou afetivas forem as pessoas, no ambiente, melhor e mais significativo será o resultado.

55

Carinhoso

Título da música: *"CARINHOSO"*
CD *"50 Anos de Chorinho"*
Intérprete: *Altamiro Carrilho*

O facilitador sugere que todos fiquem de pé, livres, soltos.

- *"N6s vamos começar o nosso dia"... CANTANDO –* É *uma música muito gostosa e conhecida de todos nós, certamente. Como eu sei que a gente canta divinamente, eu trouxe apenas o instrumental, que vai nos acompanhar;"*
- "Será, também, uma maneira de a gente se cumprimentar e demonstrar o quanto está feliz em se ver;"
- *"Vamos começar a andar, circulando bem devagar, pela sala, olhando-nos e até tocando-nos, se quisermos. Quando*

eu colocar a música a gente vai cantá-la, oferecendo a letra para as pessoas que estão aqui;"

- "Espero que seja EXATAMENTE aquilo que nós estamos sentindo, nesse momento, uns pelos outros",

Ao final, todos se abraçam.

56

Zorba

Título da música: *"ZORBAS DANCE"* CD *"Golden Panflute – Vol. 1"* Intérprete: *Horea Crishan*

O facilitador sugere que todos fiquem de pé, livres, soltos.

- *"Nós vamos caminhar, movimentando o corpo no ritmo da música que eu vou colocar;"*
- *"À proporção que o ritmo aumentar ou mudar, vocês devem acompanhar."*

A partir do momento em que a música vai ficando mais acelerada, o facilitador pode verbalizar alguns comandos, do tipo:

- "Vamos todos pedalando... andando de bicicleta"
- *"Escalando montanhas!"*
- *"Nadando, com braçadas largas!"*
- *"Pisando sobre brasas!"*
- *"Saltando poça de água!"*
- *"Passando por baixo* de *cerca de arame, bem no chão!"* }-
- *"Você está atrasado para o seu casamento!"*

Ao final, o facilitador orienta que todos deitem no chão, o mais confortável possível. Coloca uma música suave, proporcionando um momento de *relax* para o grupo – as luzes podem ficar *(de preferência)* apagadas. Depois de uns três a cinco minutos, colocar outra música bem *"quente" (samba, pagode, chorinho, frevo, axé, etc.) – "Vamos acordar?! Vamos trabalhar?!*

TODOS retomam aos seus lugares e o facilitador retoma as atividades.

57

Agora eu Vou Andar

Título da música: *"AGORA EU VOU ANDAR"*
Intérprete: *Xuxa*

O facilitador sugere que todos fiquem de pé, livres, soltos.

- *"Vamos acompanhar a música que eu vou colocar, fazendo exatamente o que a letra sugerir."*

Ao final, pode-se ficar um pouco no chão ou voltar para as cadeiras, para um breve *relaxo (Breve mesmo, afinal é preciso "gás" pra continuar!)*

58

Você Está Contente?

Título da música: *"BATA PALMAS"*
Intérprete: *Eliana*

O facilitador sugere que todos fiquem de pé, livres, soltos em círculo ou não.

- "Nós vamos cantar uma música, agora, que tem uma seqüência bem interessante: primeiro, batemos palmas... depois, batemos os pés... depois, damos risada e, por último, gritamos viva!;"
- "A letra tem uma base, que é assim (exemplo):

Se você está contente, BATA PALMAS (bis)

Se você está contente, quer mostrar a *toda gente...*

Se você está contente, BATA PALMAS."

EM seguida, o facilitador sugere o desafio para o grupo cantar toda a música, sem o auxílio do CD, ACRESCENTANDO, a expressão *"faça os quatro!"* – **Bata palmas, bata o pé, dê risada e grite "viva"!**

TODOS retomam aos seus lugares e o facilitador retoma as atividades.

59

Quer Ter um Amigo?

Título da música: *"MARCAS DO QUE SE FOI"*
CD *"O Melhor de Os Incríveis"*
Intérprete: *Os Incríveis*

É uma música excelente para final ou início de ano, por conta da própria letra, que nos convida à renovação, ao recomeço e à reconciliação. O facilitador pode, antes, questionar com as pessoas: *o que eu desejo, neste novo ano, para mim?* Depois que alguns ou todos falarem, coloca a música e todos CANTAM: *"Este ano, quero paz no meu coração... Quem quiser ter um amigo, que me dê a mão..."*, se cumprimentam... se abraçam, se confraternizam.

60

Então é Natal

Titulo da música: *"ENTÃO, É NATAL"*
CD "25 *de Dezembro"*
Intérprete: *Simone*

O facilitador sugere que todos fiquem de pé, de mãos dadas. Afinal, é tempo de união, de confraternização, de renovação.

- "Vamos cantar juntos Então, é Natal!"

NA seqüência, as pessoas se abraçam e se confraternizam. Feliz Nata!!

61

Vou te Matar de Cheiro

Título da música: *"VOU TE MATAR DE CHEIRO"*
CD *"Vou te Matar de Cheiro"*
Intérprete: *Luiz Gonzaga*

O facilitador orienta as pessoas a ficarem de pé e faz uma breve reflexão acerca da violência e do quanto as pessoas e o próprio contexto do mundo atual estão MATANDO outras tantas pessoas.

- *"Mas, nós queremos que a gente se mate, bem gostosamente, nesse momento, porém... enchendo uns aos outros de muito CHEIRO e abraços.* "

62
Desengonçada

Título da música: *"DESENGONÇADA"* Intérprete: *Bia Bedran*

O facilitador orienta que todos fiquem de pé, livres, soltos.

- *"Vou colocar uma música e a gente vai, da forma mais desengonçada possível, movimentar o corpo – conforme a própria letra da música sugere."*

Ao final, uma breve paradinha para voltar ao equilíbrio da respiração ou uma água – rápida.

63
Como Vai Você?

Titulo da música: *"COMO VAI VOCÊ."* CD *Roberto Carlos* -1972 Intérprete: *Roberto Carlos*

O facilitador sugere que todos fiquem de pé, livres, soltos.

- *"Nós vamos começar o nosso dia com uma forma de cumprimentar bem especial;"*
- *"Eu espero que a letra da música que eu vou colocar seja exatamente aquilo que cada um de nós quer saber do outro, ok?"*
- *"Na verdade, nós vamos cantá-Ia dizendo pras pessoas."*

NATURALMENTE que *"rolam"* os melhores abraços e muita emoção.

64
Bom-Dia!

Título da música: *"Bom-Dia"*
CD *"Valsas Brasileiras"*
Intérprete: *Zizi Possi*

O facilitador sugere que todos fiquem de pé, livres, soltos.

- "Hoje, nós vamos nos cumprimentar de unta forma diferente;"
- *"Uma das coisas que emperram ou criam lodo nos relacionamentos nos ambientes, é a falta da atenção, do afeto e, especificamente, a falta do BOM-DIA;"*
- "Portanto, vamos dar bom-dia, da forma mais inusitada, diferente, criativa..."

ESTE é um vitalizador que pode ser perfeitamente aplicado junto com o vitalizador anterior *(Como Vai Você).* Fica, com certeza, completo, o começo de dia.

65
Surfando

Título da música: *"COMO UMA ONDA"*
Intérprete: *Lulu Santos*

O facilitador sugere que todos fiquem de pé, livres, soltos.

- "Quero convidar todos a ficarem bem maneiros... leves;"
- *"A música que vou colocar já nos incita a essa leveza, portanto, nós vamos andar bem devagar, como que suifando sobre um mar calmo e cantando, procurando fazer*

movimentos bem diferentes, conforme o que a letra dessa música nos propõe..."

PODE-SE terminar com um grande círculo abraçado ou deixar a criatividade fluir, afinal *"nada do que foi será... tudo muda, o tempo todo..."*

66

Aquarela

Título da música: *"AQUARELA"* CD *"Toquinho e suas Canções Preferidas"* Intérprete: *Toquinho*

O facilitador coloca à disposição dos participantes bastante material – papel em branco, pincéis coloridos, réguas, tinta guache e água *(à vontade e na conveniência).*

- "De posse desse material, vocês vão criar alguma coisa, desenhada no papel, a partir da sugestão da música ou fazer exatamente o que ela sugere;"
- "Detalhe: tem que ser dentro do tempo da música;"
- "Naturalmente, que nós vamos premiar o melhor desenho!"

O facilitador imediatamente coloca a música *Aquarela* e acompanha a façanha. Ao final, o facilitador pede para que todos colem as suas obras-primas num mural e anuncia o vencedor: TODOS.

67
Agitando

Título da música: *"Garota Nacional"*
Intérprete: *Skank*

O facilitador sugere que todos fiquem de pé, livres, soltos.

- "Vamos, agora, apenas dar uma sacudida;"
- *"O ritmo é seu, a farma, o movimento, a coreografia, a criatividade."*

DEIXAR os participantes dançarem soltos ou acompanhados, até o final da música. Depois, uma parada para uma água vai bem.

68
Um Milhão de Amigos

Título da música: *"Eu Quero Apenas"*
CD *"Roberto Carlos* –1974"
Intérprete: *Roberto Carlos*

É uma música excelente para celebração e confraternização, em final de eventos. Depois das solenidades e falas formais, é só soltar a música e... abraços, beijos, tchau!

69
Na Ginga do Twist

Título da música: *"LET'S TWIST AGAIN"* CD *"Década Explosiva"*

SEMELHANTE ao vitalizador *n°*. 67 *"Agitando"*. O facilitador sugere que todos fiquem de pé, livres, soltos.

- *"Agora, n6s vamos dar uma sacudida, além de uma viajada aos anos 60;"*
- *"O ritmo é seu, a forma, o movimento, a coreografia, a cr atividade."*

DEIXAR os participantes dançarem soltos ou acompanhados, até o final da música. Depois, uma parada para uma água vai bem.

70
A Vida É Bonita!

Título da música: *"O QUE É, O QUE É"* CD *"Caminhos do Coração"* Intérprete: *Gonzaguinha*

É uma das músicas da nossa MPB mais executadas em momentos de celebração, confraternização, além de ter um ritmo fabuloso *(um puro samba)* e uma letra que nos reporta a uma reflexão. *"O que é, o que é"* é autovitalizante. Nem precisa de facilitador. É só apertar *"play"* e começar a festa.

71
Despedida

Titulo da música: *"DESPEDIDA"* CD *"Roberto Carlos* –1974" Intérprete: *Roberto Carlos*

A melodia dessa música já nos faz ficar com saudade. A letra é simples, mas diz aquilo que a gente gostaria de dizer pra tantas pessoas queridas, no momento da partida.

ELA é perfeita para encerramento de eventos, onde as pessoas se tomaram bem próximas, afetivas e estão sensibilizadas. Nesse momento, cabem abraços do tipo *"fundo do coração"*.

Vita Cinco - DESAFIOS

72
O Nó

VITALIZADOR muito bom para ser aplicado em um grupo de até 30 pessoas.

O facilitador informa que irá fazer um desafio ao grupo e convida todos a formarem um grande círculo, em pé, de mãos dadas.

- *"Observe cuidadosamente como você está segurando a mão da pessoa de cada lado seu – sua mão está por baixo ou por cima, a esquerda está segurando a direita de quem, etc.;"*
- "Identifique e grave QUEM é a pessoa que está de cada lado seu. Se não souber o nome, pergunte, grave suas caracterlsticas jfsicas. É importante que você siga PERFEITAMENTE essas diretrizes;"
- *"Feche os olhos... Vou perguntar quem está de cada lado seu, pra que você fixe bem QUEM É...;"*
- *"Vou contar até 10. Durante esse tempo, você deverá andar, sozinho, de olhos fechados, pela sala. Você só abrirá os olhos quando eu chegar na 10... Pode andar à vontade;"*
- *"Podem parar e fiquem exatamente onde estão. Agora, cada pessoa deverá pegar a mão dos seus vizinhos, da forma EXATA como estava segurando antes... Estiquem-se e alcancem as respectivas mãos, SEM SAIR DOS SEUS LUGARES;"*
- "O *desafio de vocês é voltar o circulo do jeito que ele era, SEM SOLTAR AS MÃOS."*

IMPORTANTE

GERALMENTE, os grupos desatam o nó com relativa facilidade. Se o facilitador observar que está sendo complicado, deverá ajudar ou flexibilizar, uma vez que se trata apenas de um exercício vitalizador, sem o propósito de aprofundar outras questões.

Ao final, quando o grupo conclui, com êxito, é motivo de celebração.

73
Sentadinha

ESTE vitalizador é muito bom e adequado para grupos que já caminham juntos, uma vez que provoca algumas resistências, por conta da característica da atividade. Grupos até 30 pessoas é o ideal.

O facilitador convida o grupo a formar um círculo, em pé. Informa que os componentes vão participar de um desafio grupal e que é importante o envolvimento e colaboração de todos.

- *"Formem um círculo bem formado, mesmo, sem segurar as mãos, com os ombros unidos;"*
- *"Dêem uma meia-volta para a direita – pensem e sintam o braço direito e dêem a meia-volta;"*
- *"Agora, dêem um passo pro dentro do círculo;"*
- *"Ajustem o círculo, de modo que NINGUÉM fique com os quadris (bunda) para o lado de fora... Não pode haver nenhum espaço entre os corpos;"*
- *"Segurem na cintura do seu companheiro da frente;"*
- *"O objetivo de vocês será sentar no colo do colega de trás.* Se apenas um sentar no vazio ou cair, todo o grupo cairá.

Vocês vão perceber que não é uma questão de peso: é umse apoiando no outro, um verdadeiro trabalho de equipe;"

- "Vou contar até três e no 'já' vocês sentam bem devagar. Quando estiverem assentados, levantam as mãos e aplaudem."

O facilitador pode dar mais de uma chance, caso o grupo não consiga da primeira vez. Ao final, é um entusiasmo só.

74

Dança Grega

ESTE vitalizador é assim denominado, não porque exista alguma melodia grega, mas pela coreografia apresentada, que lembra grupos de dança gregos. Se o espaço permitir, até 50 pessoas é possível.

O facilitador solicita a formação de um círculo bem espaçado e inicia as orientações:

- "Vamos manter as pernas bem juntas e as mãos postas em atitude de oração (palma com palma). Agora, vamos à seqüência:
  - *"Nós damos um passo pra dentro e curvamo-nos. "*
  - *"Damos. um passo pra trás – curvamo-nos. "*
  - *"Um passo para* a *direita – curvamo-nos. "*
  - *"Recomeça: um passo pra dentro... curvamo-nos; um passo pra trás... curvamo-nos; um passo para* a *direita... curvamo-nos."*
  - "Nós vamos continuar fazendo, s6 que eu não vou mais falar... vamos tentar?"

O grande desafio, e fica muito bonito, é tentar fazer de olhos fechados. Repetindo várias vezes, fica perfeito.

Colaboração: Rosler Alexandre *(Diretor da TRILHAS TURISMO/ Fortaleza - CE)*

75
O Mensageiro

VITALIZADOR muito bom para grupos de até 30 pessoas. O facilitador. orienta a formação de dois grupos, assentados, em cadeiras, duas filas – frente a frente – numa distância de, aproximadamente, três metros entre si, e solicita, também, um representante de cada grupo.

- *"0 representante de cada grupo receberá uma mensagem a mesma para as dois grupos – que a lerá, gravará e deverá transmitir no ouvido do primeiro colega, apenas para ele. Esse fará o mesmo com o colega seguinte, até que a mensagem tenha chegado ao final;"*
- *"A última pessoa de cada fileira deverá chegar até mim e escrever numa folha de papel a mensagem recebida."*

SERÁ vencedor o grupo que for mais rápido na entrega da mensagem e que esteja correta, conforme passada pelo facilitador.

76
A Letra É...

ESTE vitalizador é bom fazer em pequenos grupos, para gerar um clima de competição. Pode ser premiado o grupo vencedor, ao final. Até para auditórios com até 100 pessoas é possível – divide-se em grupos de sete a 10 pessoas. Afinal, o propósito é levantar o ânimo.

- "Formem grupos de cinco pessoas (ou a quantidade que for conveniente) e escolham um representante;"
- *"Vou contar um episódio pra vocês, onde, no relato, vocês terão que relacionar palavras com uma determinada letra – não necessariamente objetos ou pessoas;"*

- *"Recortem, para cada grupo, sete pedaços de papel, medindo J() cm x J() cm (serão sete rodadas);"*
- *"Saí, um dia, de manhã e fui para a feira. Sabia que iria acontecer uma grande seca e falta de condições de sobrevivência naquela terra. Entrei na feira e comecei a procurar coisas com a letra F;"*
- *"Vocês têm 30 segundos para relacionar o maior número de palavras com a letra F;"*
- O facilitador recebe o papel de cada representante;
- "Continuei na feira e precisei de coisas com a letra M...", P... S... e, assim, sucessivamente, até a última rodada.

CONTAR as quantidades nas papeletas e entregar o prêmio ao grupo vencedor. Pode ser uma caixa de chocolates, que será dividida com todos.

77

Telegrama

VITALIZADOR para ser aplicado a um número não superior a 40 participantes, pois requer, também, competição entre grupos.

O facilitador divide os participantes em grupos iguais:

- *Escolhe uma palavra – poderá ser o tema central da palestra, seminário, etc.;*
- Cada grupo deverá formar uma mensagem lógica, que tenha a ver com o evento do qual estão participando, utilizando as INICIAIS da palavra escolhida. Exemplo: DINÂMICA – "Devo Insistir Nas Avaliações, Mesmo Indo Contra as Armas".
- Partículas apassivadoras, artigos, pronomes, estão para serem incluídos ou não na frase.
- Será vencedora a equipe que terminar primeiro.

O final é só dividir o prêmio.

78

E por Falar em...

ESTE vitalizador é adequado para grupos de até 25 participantes. É uma espécie de *"continue minha idéia"*, contando uma história.

O grupo deve ser posicionado em círculo e o facilitador começa uma frase *"gosto muito de morar em casa..."*.

- A pessoa seguinte continua imediatamente: *"e por falar em casa, lembro-me de uma que comprei perto da praia...;"*
- A outra pessoa: *"e por falar em praia...* " e assim por diante.

O facilitador deverá imprimir rapidez ao vitalizador. A pessoa que ficar sem saber continuar, deixa que a outra continue, mas pagará uma prenda ao final.

79

Esquentando os Motores

VITALIZADOR para qualquer tamanho de grupo, num tempo de 15 a 20 minutos.

O facilitador inicia dizendo que fará um teste de raciocínio com as pessoas presentes. Quem mais participar e acertar ganhará um brinde. Eis as etapas:

ETAPA UM

- *"Dizer, rapidamente, uma palavra que se relaciona com...* "Exemplos: céu-estrela; casa-porta; carro-motorista; brinquedo-criança, etc. *"Eu direi a primeira palavra e vocês complementam, dizendo a segunda."*

ETAPA DOIS

- *"Completar as frases, de modo que fiquem bem relacionadas."* Exemplos: "No dia do meu aniversário, eu...;" "Quando corro...;" "Quando vejo uma barata...;" e, assim, sucessivamente.

ETAPA TRÊS

- *"Vou dizer a palavra e vocês cantam uma música que contenha essa palavra."* Exemplo: NADA, AMOR, CASA, MAR, etc.

O facilitador poderá, dependendo do grupo, solicitar de cinco a 10 participantes à frente, como voluntários, e fazer a competição.

80

Bichos & Família

EXCELENTE vitalizador para após o almoço ou no retomo de alguma etapa mais longa. É necessário fazer com número par grupos de 18 a 20 participantes. Se houver mais, pode-se deixar alguns de fora, na *"torcida organizada"*.

SOLICITAR a formação de dois grupos de nove pessoas, em duas filas, em cadeiras de frente umas para as outras. É importante que o ambiente seja bastante amplo, para facilitar a movimentação.

- "Cada fileira desta é formada por pessoas de uma família e por animais;"
- *"As quatro primeiras pessoas de cada fileira (uma de frente da outra) são os membros da FAMÍLIA: as primeiras, Joãozinho; as segundas, Mariazinha; as terceiras Sr. Manoel e as quartas, D. Chiquinha;"*
- *"As cinco pessoas restantes até a última fileira são os BICHOS: urso, leão, zebra, tigre e macaco;"*
- *"Eu vou contar uma história. Todas as vezes que eu falar o nome de algum membro da FAMÍUA, os dois correspondentes ao que eu falei levantarão, virão em direção ao início da fileira, farão a volta por fora até retornar e sentar na sua cadeira. T{)das as vezes que eu falar o nome de algum BICHO, os dois correspondentes farão a mesma coisa – levantarão, correrão em direção ao início da fileira, darão*

a volta por trás da fileira e retornarão até o seu lugar. Se eu falar mais de um nome, levantarão os respectivos nomes. Se eu falar todos os BICHOS, todos se levantarão e farão o processo. Ao final. o grupo (a fileira) que estiver assentado primeiro, ganhará um prêmio;"

- *"Vou contar a história: Joãozinho, Mariazinha, Sr. Manoel e D. Chiquinha foram passear* no *zoológico. Ao chegarem lá, Joãozinho foi visitar* a *Jaula* do urso, *mas* a *Mariazinha queria ver* a *Zebra. E foi aquela confusão. D. Chiquinha* conversou *com* o *Sr. Manoel* e os *dois acharam melhor levar* o *Joãozinho* e a *Mariazinha para Irem ver* o *macaco,* o *tigre* e o *leão. E assim, toda* a *família saiu* da *Jaula* do *urso e foi em direção* à *Jaula* do *tigre, que estava dormindo. Então, toda* a *família foi ver* o *leão. Mas a Mariazlnha ficou com medo* e *disse que queria ver* o *macaco* e *que,* na *verdade, queria mesmo era ver todos os bichos,* ao *mesmo tempo. Sr. Manoel* e *D. Chiquinha perguntaram* o *que* o *Joãozinho queria ver primeiro, para entrarem num consenso. E, seguindo* a *ordem* dos *que estavam mais próximos, toda* a *família foi ver todos* os *animais."*

O final é recuperar a respiração e o grupo vencedor receber o prêmio e dividir com os demais *(inclusive com os perdedores).*

Colaboração: Renata Albuquerque & Manuela de Palva *(Participantes da 5ª Turma de Formação de Facilitadores em Dinâmica de Grupo e Relações Humanas – 2001, IMAGEM DOM1N10 Treinamento & Desenvolvimento Empresarial/Fortaleza-CE)*

81

Sansão & Dalila

É uma saudável competição. Pode-se realizar com grupos de até 30 participantes. É excelente e só precisa da disposição dos participantes.

O facilitador orienta a formação de dois grupos, não necessariamente iguais e informa que o jogo é denominado *"Sansão & Dalila"*.

- Pergunta ao grupo o que caracteriza Sansão. Todos dirão: força. O facilitador cria com o grupo um gesto que simbolize força. O mesmo é perguntado sobre Dalila e sobre Leão. O facilitador ensaia com o grupo os gestos de Sansão *(força),* Leão *(rugido)* e Dalila *(suavidade com o corpo e com as mãos).*
- Pergunta, ainda: *"Num confronto entre Sansão e o Leão, quem ganha? Sansão. Entre o Leão e Dalila? Leão. Entre Sansão e Dalila? Dalila (na História, Dalila derrotou Sansão, cortando-lhe os cabelos).*
- Os dois grupos irão para lados opostos da sala. Eles deverão escolher Sansão, Dalila ou Leão. Dependendo do que for a resposta, ou um ou outro grupo ganha.
- O facilitador deverá rabiscar uma tabela no *flip-chart,* quadro de giz ou quadro branco, para anotar as rodadas e os vencedores – seis a sete rodadas.
- O facilitador deverá determinar um tempo para os grupos *(30 segundos).* Quando ele disser *"já!",* todos os membros dos dois grupos se encaminharão até o centro da sala fazendo, simultaneamente, os gestos de um dos três personagens *(Sansão, Leão ou Dalila).*
- Se um grupo fizer os gestos de Dalila e o outro grupo o de Sansão, ponto para quem fez Dalila, e assim por diante.

O jogo continua até o fim das rodadas.

Colaboração: *Participantes da turma de Capacitação de Facilitadores em Dinâmica de Grupo (workshop) Macapá-AP, agosto/2000.*

82
Com a Mesma Letra

VITALIZADOR para grupos com o mínimo de 10 e o máximo de 40 participantes.

TODOS são convidados a ficar de pé, soltos, numa sala sem cadeiras. Entrega a uma pessoa do grupo uma bola *(não é bexiga).*

- *"Ao som de uma música, essa bola ficará no ar, sem tocar no chão, passando de mão em mão; "*
- *"Ao parar a música, a pessoa que estiver com a bola deverá dizer OITO coisas que comecem com a primeira letra do seu nome. Exemplo: Rose – rosas, rádio, rir, ríspido, rapadura...;"*
- *"O participante não poderá ser ajudado. Se não conseguir dizer as palavras, continuará a brincadeira e ele pagará uma prenda, ao final."*

AO final, uma breve pausa para água e café.

83
Memorização

ESTE é um excelente vitalizador para reforçar o aprendizado dos nomes das pessoas do grupo. Se os participantes estiverem com crachá, o facilitador deve solicitar que o tirem. O exercício de memorização é ideal para até 25 participantes. Acima disso, torna-se cansativo.

TODOS devem estar assentados em círculo. O facilitador inicia:

- "Eu vou dizer o meu nome, o meu vizinho da direita dirá o meu nome e o dele, o próximo continuará até que o último diga o nome de todos e o seu próprio,"

QUANDO todos tiverem terminado, repete-se no sentido inverso.

84
Faquinha

UMA faquinha e, aproximadamente, 30 participantes *(não mais que isso)* é o que se precisa para este vitalizador.

O facilitador sugere que os participantes sentem em círculo, no chão ou nas cadeiras. Em seguida, inicia, segurando a faquinha e, de forma gaga *(gaguejando mesmo),* mostra para o vizinho da direita, procedendo o seguinte diálogo:

- Facilitador: *"Eu achei esta faquinha no mato;" (gaguejando.)*
- Vizinho: *"É com ponta ou sem ponta?" (também gaguejando.)*
- Facilitador: *"Com ponta." (gaguejando.) Entrega a faquinha para o vizinho e este continua o mesmo diálogo com a pessoa seguinte e, assim, sucessivamente, até o final.*

Após essa primeira rodada, a faquinha retoma ao facilitador que começa um segundo diálogo, no mesmo formato da rodada anterior, só que, dessa vez, é chorando.

Colaboração: Prof. Gilberto Carvalho
(Fortaleza-CE)

85
Leilão de um Real

É um excelente vitalizador para grandes platéias. Incita-nos à reflexão de quanto as pessoas são influenciáveis em grupo.

O facilitador informa que vai realizar o leilão de uma nota de um real. Numa atividade dessa natureza, é importante que o facilitador seja bastante ágil e *"doido"*.

- *"O lance mínimo é de um real. Vamos começar! Quem dá o primeiro lance?;"*
- O facilitador faz o papel de um exímio leiloeiro e instiga as pessoas a fazerem lances e lances...

Ao final, a reflexão é que a nossa mente é burra, e que nós somos muito influenciáveis pela emoção, pelos impulsos.

86
A Figura É Você

ESTE é um vitalizador que requer uma performance e um conhecimento mais aprofundado do facilitador em relação a comportamento humano. É muito interessante quando feito em grupos que já caminham juntos, onde o facilitador pode já ter coletado informações e características dos participantes. Pode ser aplicado a grupos grandes, preferencialmente.

O facilitador desenha no quadro branco ou *flip-chart* quatro figuras: um círculo, um quadrado, um triângulo e a letra Z.

- "Nós temos. aqui no quadro. quatro figuras diferentes. Com qual destas figuras você mais se identifica?"

Após todos escolherem, o facilitador começa as correlações:

- *"As pessoas que se identificam com o CÍRCULO gostam de relacionamentos duradouros, são alegres, têm facilidade nas relações interpessoais. No trabalho, são excelentes comunicadoras, muito boas para trabalhar com público. São versáteis."*
- *"As pessoas que se identificam com o QUADRADO são metódicas, organizadas, certinhas. Não gostam de mudança e são bastante seletivas, costumam ser fiéis nos seus relacionamentos."*
- *"As pessoas que se identificam com o TRIÂNGULO têm como forte a espiritualidade e levam a sério sua fé. Gostam de ajudar o próximo e transmitem energia positiva por onde passam."*
- *"As pessoas que se identificam com a letra Z são festeiras. um pouco desorganizadas. gostam de curtir a vida. sem se incomodar muito com as consequências. Nos relacionamentos amorosos são inconstantes. ..*

Após a explanação de cada figura, o facilitador pergunta quem, de fato, se identificou com o que foi falado. Normalmente, as pessoas ficam, na sua maioria, satisfeitas, porque tudo se encaixou direitinho. O facilitador dá um pequeno tempo e, em seguida, risca as figuras do quadro ou rasga-as e diz que aquilo tudo não vale nada... é tudo baboseira. As pessoas acreditam naquilo que querem acreditar. Quem disse que simples figuras geométricas podem caracterizar personalidades ou estilos de comportamentos das pessoas?

NOTA:* Os *conceitos de cada figura foram criados, aleatoriamente, por nós. Você, facilitador, pode acrescentar ou criar* à *sua maneira. Não* é *nada comprovado cientificamente.

87

Crachás Embaralhados

MUITO bom para retomo de intervalos, em eventos formais workshops, reuniões de negócios, pequenos encontros –, onde normalmente são colocados os nomes dos participantes sobre as mesas onde eles estão assentados.

O facilitador, na ausência dos participantes, troca os crachás. Quando todos voltam, está uma bagunça – tudo trocado. O facilitador sugere *(quase que impõe, sutilmente)* que cada pessoa pegue o seu material e vá se assentar no novo lugar, onde está o crachá.

É uma forma bem interessante de mesclar o grupo e possibilitar novos contatos.

88

Se eu Fosse...

VITALIZADOR muito bom para testar a capacidade criativa e a fluência verbal, de improviso, dos participantes.

O facilitador prepara cartelas em tamanho 10 cm x 4 cm, numa quantidade superior ao número de participantes, com a seguinte frase-palavra *(exemplos):*

Se eu fosse... **PERIGO**
Se eu fosse... **TIJOLO**

- Podem ser inúmeras palavras, conforme a criatividade do facilitador: *criança, presidente, casa, paz, jardim, sol, floresta, rio, peixe, cobra, planeta, CD, filme, papel, história, amor, raiva, livro etc.*
- Entregar as cartelas voltadas para baixo a cada um dos participantes para, em seguida, ouvir o que cada um tem a dizer, se *FOSSE EXATAMENTE O QUE ESTÁ ESCRITO NA SUA CARTELA.*

89
O Chapéu

ESTE vitalizador é ideal para ser realizado em um salão grande, com, no máximo, 50 participantes. Proporciona bastante descontração e é um teste de agilidade para as pessoas.

- O facilitador solicita que todos fiquem em círculo e dá a cada pessoa um número, de acordo com a quantidade de participantes, na seqüência: *1, 2, 3, 4, 5, 6, 7, 8, 9, 10...*
- O facilitador se posiciona no centro do grupo, com um chapéu de palha na mão. A um dado momento, joga o chapéu para o alto e grita um número *(equivalente a um dos participantes);*
- O participante que corresponder ao número chamado, sai do seu lugar e corre para pegar o chapéu, ANTES QUE CAIA NO CHÃO;
- Se o chapéu cair no chão, o participante paga uma prenda ao final da brincadeira, mas continua a seqüência, até que o facilitador resolva encerrar.

AO final, é só cobrar as prendas e curtir a diversão.

90

Autógrafos III

TAMBÉM um excelente vitalizador para testar a agilidade das pessoas, mas é, por outro lado, um avaliador de percepção.

O facilitador desafia as pessoas a colherem o maior número de autógrafos numa folha de papel, durante o tempo em que estiver tocando *"Brasileirinho" (Waldyr Azevedo* – CD *"Meus Momentos").*

OCORRE um estouro de boiada – todos, ao mesmo tempo, cada um com uma folha de papel, tentando colher autógrafos uns dos outros.

QUAL é a reflexão, ao final? O que o facilitador disse foi: *colher a maior quantidade de autógrafos. NUMA folha de papel e não na folha de cada um.* Vale pensar um pouco sobre o individualismo que é dominante dentro dos ambientes. As pessoas ainda não estão acostumadas a pensar, a trabalhar em equipe, em regime de complementaridade.

Colaboração: Jorge Mauricio *(Consultor, Diretor da JMC Consultoria – Cuiabá-MT, por ocasião do Programa "Team Buüding" para a CEA – Companhia de Eletricidade do Amapá, em Macapá – Fevereiro/2001)*

91

Revitalizando a Cuca

ESTE não é apenas um vitalizador, mas uma pequena coletânea de *"pérolas-bobagens"* que são preciosas na hora do sono, nos interlúdios de programas de treinamento, palestras, workshops ou reuniões.

PODE ser para qualquer tamanho de grupo. Afinal, o desafio é pra quem acertar primeiro. O facilitador pode ter consigo vários prêmios: *tangerinas, bombons, bexigas, moedas de um centavo, sal de frutas, ingresso de show já utilizado, etc.*

Desafio Um

a) ***UM HOMEM ESTA MONTANDO UM PRESÉPIO. QUAL É O NOME DELE?***

b) ***UMA MULHER BATEU COM O SEU CARRO NUM POSTE. O GUARDA CHEGOU E LHE PERGUNTOU O NOME. ELA APONTOU PARA UMA MATERNIDADE, DO OUTRO LADO DA RUA, E DISSE: – MEU NOME ESTÁ ALI." QUAL É O NOME DELA?***

Desafio Dois

- ***SE JESUS CRISTO ESTIVESSE VIVO EM 1987, QUANTOS ANOS ELE TERIA?***

Desafio Três

- ***SOMOS NÚMEROS VIZINHOS. QUANDO NOS SOMAM, ENCONTRAM UM NÚMERO A MAIS QUE DUAS DÚZIAS. QUEM SOMOS NÓS?***

Desafio Quatro

- ***ESTOU PENSANDO EM UM NÚMERO. A METADE DELE É IGUAL A UMA DÚZIA E MEIA. QUAL É ESSE NÚMERO?***

Desafio Cinco

- ***O GAVIÃO CHEGA AO POMBAL E DIZ: "ADEUS, MINHAS CEM POMBAS" AS POMBAS RESPONDEM, EM CORO: "CEM POMBAS NÃO SOMOS. COM MAIS DOIS TANTOS DE NÓS E COM VOCÊ, MEU CARO***

GAVIÃO, SEREMOS CEM PÁSSAROS." QUANTAS POMBAS ESTAVAM NO POMBAL?

Desafio Seis

- ***TRÊS CAÇADORES AVISTARAM QUATRO ROLINHAS. CADAQUAL MATOU UMA ROLINHA E TRÊS VOARAM, FUGINDO. COMO FOI ISSO POSSIVEL?***

Desafio Sete

- ***UM RICO FAZENDEIRO CHAMOU SEUS DOIS FILHOS, AMBOS EXCELENTES CAVALEIROS, E FEZ-LHES A SEGUINTE PROPOSTA: "DAREI UMA BOLSA CHEIA DE OURO ÀQUELE CUJO CAVALO DER UMA VOLTA MAIS LENTA EM TORNO DA FAZENDA." OS FILHOS HESITARAM POR UM INSTANTE, MAS, DE REPENTE, CORRERAM PARA A COCHEIRA, MONTARAM OS CA VALOS E SAÍRAM EM DISPARADA. POR QUÊ?***

RESPOSTAS

Desafio Um
a) *Armando Nascimento* de *Jesus*
b) *Alice da Luz*
Desafio Dois – 1987 *anos*
Desafio Três – 12 e 13
Desafio Quatro – 36
Desafio Cinco – 33 *pombas*
Desafio Seis – ***Cadaqual*** *era* o *nome* de *um* dos *caçadores*
Desafio Sete – *Um montou* no *cavalo* do *outro*

Vita Seis - PERCEPÇÃO

Todos os vitalizadores deste bloco têm um objetivo comum: exercitar e desenvolver a percepção. Portanto, vamos já direto aos procedimentos.

92

Cruzada. .. Descruzada

APLICAR em grupos de até 30 participantes.

O facilitador solicita que o grupo forme um círculo, todos assentados em cadeiras. Em seguida, mostra uma tesoura e diz que irá passá-la para o vizinho.

- Ao passar a tesoura, o facilitador deve dizer a palavra *CRUZADA* ou *DESCRUZADA.* A tesoura pode estar aberta *(cruzada)* ou fechada *(descruzada),* não importa.
- A pessoa que recebeu a tesoura deverá dizer o mesmo ao passá-la para o vizinho seguinte, e assim sucessivamente.
- Entendem a dinâmica aqueles que perceberem que o segredo de acertar se é **CRUZADA ou DESCRUZADA** referese às pernas da pessoa que está passando a tesoura. Se as pernas ou os pés estiverem cruzados, ao passar a tesoura, mesmo que ela esteja descruzada *(fechada),* deve dizer **CRUZADA.** Se as pernas estiverem descruzadas, ao passa-Ia, mesmo que esteja cruzada *(aberta),* a pessoa deve dizer **DESCRUZADA.** E, assim, sucessivamente.
- É importante que, quem for descobrindo o segredo, não revele pra ninguém. Isso, também, é percepção.

93

Que Número é Esse?

PARA qualquer tamanho de grupo. É importante que o facilitador se posicione de forma que todos possam ver claramente o que ele vai realizar.

- Assentado sobre os joelhos, no chão, com três ou quatro pincéis na mão, o facilitador explica que fará urna pergunta básica – que número é esse? – e o que todos precisam fazer é prestar atenção e responder que número vêem;
- O facilitador pega os pincéis e coloca-os no chão, corno que formando alguma figura geométrica. Cada vez que formar urna figura, ele apontará com *UM DEDO, CINCO DEDOS (mão aberta), 10 DEDOS (as duas mãos abertas), TRÊS DEDOS etc...* e perguntará: "Que número é esse?"
- Acertam aquelas pessoas que perceberem que o segredo está na formação dos números de dedos *(quantidade)* do facilitador e não nos pincéis. Ao apontar para os pincéis com um dedo, a resposta é número um... se forem dois dedos, é número dois... não importa o formato ou a quantidade de pincéis no chão.

PODE-SE proceder alguns comentários e aprendizados, ao final. O ser humano, normalmente, se fixa no foco da situação ou do problema e não se permite vlsualizar outras direções.

94

Bolinha

NUMA seqüência de vitalizadores perceptivos, o facilitador solicita que todos PRESTEM ATENÇÃO.

- Coloca a mão esquerda *(ou direita)* à sua frente totalmente aberta, dedos bem abertos e com o indicador da mão oposta começa a tocar as pontas dos dedos da mão que está aberta.

À medida que vai tocando, ai verbalizando da seguinte forma: *bolinha, bolinha, bolinha, bolinha (uma vez para cada dedo) – ZUPT – bolinha, – ZUPT – bolinha, bolinha, bolinha, bolinha.*

- O facilitador fala a palavra bolinha, ao tocar em cada dedo, começando pelo dedo mindinho *(o menor).* Ao chegar no espaço entre o dedo indicador e o polegar, diz *zupt.* Em seguida, retoma na mesma sequência do dedo polegar em direção ao mindinho.
- SEMPRE que for começar a sequência, deverá ser pronunciado o mote: *"PRESTE ATENÇÃO!"*
- Acerta quem for fazendo, falando, antes, a expressão: *"Preste Atenção!"*
- Da mesma forma que o vitalizador dos pincéis, quem descobrir o segredo, NÃO deve revelar para ninguém.

95
Paca Tatu

VITALIZADOR aberto, livre, para qualquer tamanho de grupo. Percebeu, respondeu, o.k.!

O facilitador desafia as pessoas a repetirem corretamente a seguinte expressão: **PACA TATU... COTIA NÃO**. Normalmente, todos repetem do mesmo jeito: *Paca Tatu.. Cotia Não.* Na verdade, a resposta é só ***PACA TATU.*** Não é pra dizer ***COTIA NÃO.***

96
Zero a 100

DE ZERO a 100, quantos algarismos 9 *(nove)* têm? As pessoas ficam *"chutando"* e respondem das mais variadas formas. Depois de algum tempo, mesmo alguém tendo acertado, o facilitador faz coro, com todos, e diz: 9... 19... 29... 39... 49... 59... 69... 79... 89... *90*... 91... 92... 93... 94... 95... 96... 97... 98... 99 = *20 (vinte).*

97

Nove Pontos

COM apenas quatro retas, passar *(tocar ou cruzar)* pelos nove pontos abaixo, sem tirar o lápis do papel. Depois de várias tentativas, fazer o correto no quadro ou *flip-chart.* O facilitador pode solicitar que alguém do grupo *(que tenha acertado)* vá fazer no quadro.

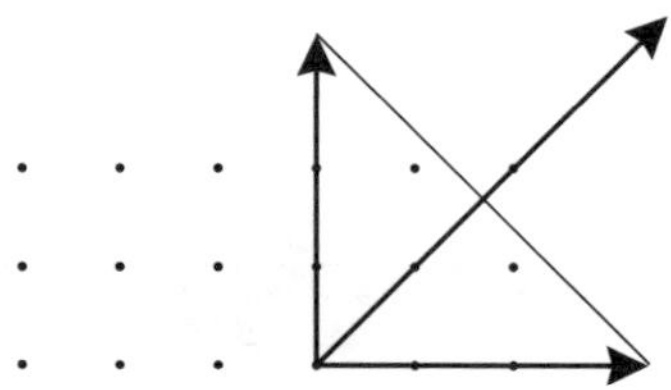

98

Vou pra Ilha!

O facilitador inicia da seguinte forma: *"Eu vou pra ilha e vou levar uma bicicleta.* "

- Em seguida, pergunta para qualquer membro do grupo o que ele levará. Cada participante terá que descobrir que **só entrará na ilha se levar qualquer coisa que comece com a letra "b"**.
- Pode-se fazer várias rodadas, mudando as regras. Exemplo: *"Eu, Rose, vou pra ilha e vou leva! rosas."* Acerta quem levar qualquer objeto que comece com a primeira letra do seu nome.

- Variações: *objeto da sala, cores, algo que o vizinho da direita ou esquerda esteja usando etc.*

99
Ao Contrário

VITALIZADOR excelente para uma quantidade de até 30 pessoas. Desperta, exercita, acorda. O facilitador solicita que todos os participantes fiquem de pé.

- Quando o facilitador disser *"cruzar os braços"*, todos devem **LEVANTÁ-LOS**. Quando disser *"levantar os braços"*, todos devem **CRUZÁ-LOS**.
- No início, os comandos do facilitador deverão ser mais lentos, indo acelerando aos poucos.
- Quem errar, vai sendo eliminado.

100
Três Animais

NA palavra abaixo, identifique os nomes de *três animais:*

SAPATO

Resposta: *Sapa, Pato* e... *Olhe* o *Tamanduá!*

101
Quatro Perguntas

VITALIZADOR para pensar e responder rápido. O facilitador deve formular as seguintes perguntas:

1. Como se coloca um elefante dentro de uma geladeira?

2. Como se coloca uma girafa dentro da mesma geladeira?

3. Haverá uma festa no reino do leão e todos os animais foram convidados. Qual é o único que não vai estar presente;

4. Finalmente, você precisa atravessar um rio cheio de jacarés ferozes e não há nenhum barco. Como é que você faz?

Respostas:

1 - *Abre* a *geladeira* e o *coloca dentro.*

2 - *Tira* o *elefante* e *coloca* a *girafa.*

3 - A *girafa, pois está presa na geladeira.*

4 - *Atravessa nadando, pois* os *jacarés foram pra festa no reino do leão.*

102

Que Frase É Esta?

No quadro-enigma abaixo, qual é a frase que está implícita?

A		A
	nós - i - nós **nada + a**	
10		10

Resposta: ***"Há encantos... desencantos... e, entre nós, nada mais há!"***

103
O que É que a Vaca Bebe?

ESTE, também, é pra pensar e responder rápido. É muito raro alguém não *"cair"*.

O facilitador faz uma sequência rápida de perguntas, estrategicamente, para induzir a resposta ERRADA da última pergunta.

- "Qual é a cor da neve?"
- "Qual é a cor da geladeira da sua casa?"
- "Normalmente, uma folha de papel é de qual cor?"
- "Qual é a cor do leite?"
- "O que é que a vaca bebe?"

A tendência das pessoas é responderem tudo como sendo cor *branca.* E, quando se faz a última pergunta, prontamente se responde leite. No entanto, *a vaca bebe água, porém produz **leite**.*

Página Interativa

Vem aí *Vitalizadores II!* Pode ter certeza! E, dessa vez, será com a sua total participação. Queremos interagir com você - que trabalha com dinâmica de grupo, que interage com pessoas, que é multiplicador de emoções por aí afora.

GOSTARÍAMOS de saber que você criou um vitalizador novo, que viu em algum lugar ou que alguém lhe mostrou. Nosso coração está com espaço aberto pra você e colocamos à sua disposição, também, os nossos endereços eletrônicos:

www.qualitymark.com.br
e-mail: quality@qualitymark.com.br
www.imagemdominio.com.br
e-mail: id@imagemdominio.com.br

UTILIZE o modelo abaixo, faça suas sugestões, críticas, escreva variações dos **Vitalizadores** deste livro, enfim, o nosso desejo é que esta página seja uma espécie de *"Fale com os autores"* .

De:______________________________
Empresa:__________________________
Cargo/função: _______________________
Endereço:_________________________
____
(Rua/Av./Nº./Bairro/Aptº/CEP/Cidade/Estado)
Fone(s):__________________________
Fax:_____________________________
E-mail:___________________________

Para

Albigenor & Rose Militão

IMAGEM DOMÍNIO TREINAMENTO & DESENVOLVIMENTO EMPRESARIAL

Rua Mário Alencar Araripe, 1.555 - *Água Fria*

CEP 60.833-500 – Fortaleza-CE

Fones/fax: (85) 261-0555 261-3403

E-mail: id@imagemdominio.com.br

Home-page: www.imagemdominio.com.br

Críticas & Sugestões:

Bibliografia & Fontes

ANTUNES, Celso. Manual ***de Técnicas de Dinâmica de Grupo, de Sensibilização e de Ludopedagogia***. 17ª *Edição – Editora Vozes – Petrópolis-RJ,* 1999.

DANTE, Luiz Robato. ***Didáticas das Resoluções de Problemas de Matemática***. *Editora Ática – São Paulo-SP.*

HAIL Mike. ***Recreação Não É Brincadeira***. 1ª *Edição – Juventude Batista Mineira – Belo Horizonte-MG,* 1989.

FRITZEN, Silvino José. ***Jogos Dirigidos para Grupos, Recreação e Aulas de Educação Física***. *17ª Edição – Editora Vozes – Petrópolis-RJ,* 1993.

FRITZEN, Silvino José. Dinâmicas de Recreação e Jogos. 3ª Edição – Editora Vozes – Petrópolis-RJ, 1986.

MILITÃO, Albigenor & Rose. ***S.O.S. Dinâmica de Grupo***. *3ª Reimpressão – Qualitymark Editora – Rio de Janeiro-RJ, 2001.*

MILITÃO, Albigenor & Rase. ***Jogos, Dinâmicas & Vivências Grupais***. 1ª *Reimpressão – Qualitymark Editora – Rio de Janeiro – RJ, 2001.*

Turmas de ***Formação de Facilitadores em Dinâmica de Grupo e Relações Humanas*** *(1995/2001) – IMAGEM DOMÍNIO Treinamento & Desenvolvimento Empresarial (laboratórios em sala de aula e processos de imersão).*

SEBRAE-CE, MA, SE e AP *e outras parceiros profissionais de RH em diversas empresas.*

YOZO, Ronaldo Yudi K. ***100 Jogos para Grupos***. *Editora Ágora – São Paulo-SP,* 1996.

Qualitymark Editora
Rua Teixeira Júnior, 441 – São Cristóvão
20921-400 – Rio de Janeiro – RJ
Tel.: (21) 3094-8400/3295-9800
Fax: (21) 3295-9824

www.qualitymark.com.br
e-mail: quality@qualitymark.com.br

Dados Técnicos:

• **Formato:**	12×18cm
• **Mancha:**	9,5×15cm
• **Fontes:**	Times New Roman
• **Corpo:**	10
• **Entrelinha:**	12
• **Total de Páginas:**	96